本书受出版专业硕士出版产业方向学科建设项目
（项目编号：21090113037）资助

YISHUPIN JINGYINGYE ANQUAN YU GUANLI

艺术品经营业安全与管理

李剑锋　罗心怡 / 著

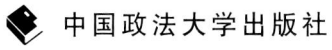

中国政法大学出版社

2021·北京

声　　明　1. 版权所有，侵权必究。

　　　　　2. 如有缺页、倒装问题，由出版社负责退换。

图书在版编目（CIP）数据

艺术品经营业安全与管理/李剑锋，罗心怡著. —北京：中国政法大学出版社，2021.12
ISBN 978-7-5764-0257-5

Ⅰ.①艺… Ⅱ.①李… ②罗… Ⅲ.①艺术品－经营管理－研究 Ⅳ.①F768.7

中国版本图书馆CIP数据核字(2021)第274289号

出　版　者	中国政法大学出版社
地　　　址	北京市海淀区西土城路25号
邮寄地址	北京100088 信箱8034分箱　邮编100088
网　　　址	http://www.cuplpress.com (网络实名：中国政法大学出版社)
电　　　话	010-58908285(总编室) 58908433（编辑部）58908334(邮购部)
承　　印	固安华明印业有限公司
开　　本	720mm×960mm　1/16
印　　张	8.75
字　　数	145千字
版　　次	2021年12月第1版
印　　次	2021年12月第1次印刷
定　　价	49.00元

目录

第一章 绪 论 ·· / 1
 一、文化安全与文化产业安全 ·· / 1
 二、文化产业安全研究 ·· / 5
 三、艺术品经营业安全 ·· / 8

第二章 艺术品经营业的构成和运行 ·· / 10
 第一节 画 廊 ·· / 10
  一、画廊 ·· / 10
  二、画廊的分类 ·· / 10
  三、画廊业在艺术品经营体系中的作用 ······································ / 12
 第二节 艺术品拍卖业 ·· / 12
  一、艺术品拍卖 ·· / 12
  二、拍卖业在艺术品经营体系中的作用 ······································ / 13
 第三节 艺术品展会 ·· / 13
  一、艺术品展会 ·· / 13
  二、艺术品展会在艺术品经营体系中的作用 ······························· / 13
 第四节 艺术品金融产品 ·· / 14
  一、艺术品金融产品 ·· / 14
  二、艺术品金融产品的主要形态 ·· / 15
  三、艺术品金融产品在艺术品经营体系中的作用 ························ / 16

第五节 非营利性机构 …………………………………………… / 16
　一、非营利性机构 ……………………………………………… / 16
　二、非营利性艺术机构的主要形态 …………………………… / 17
　三、非营利性机构在艺术品经营体系中的作用 ……………… / 17

第三章　全球化背景下的中国艺术品经营业运行 …………… / 18
第一节 中国艺术品经营业各领域运行情况 …………………… / 21
　一、画廊业运行情况 …………………………………………… / 21
　二、拍卖业运行情况 …………………………………………… / 25
　三、艺术品会展业运行情况 …………………………………… / 33
　四、艺术品金融业运行情况 …………………………………… / 35
　五、非营利艺术机构运行情况 ………………………………… / 40
　六、线上艺术品经营运行情况 ………………………………… / 47
第二节 艺术品输入与输出 ……………………………………… / 49
第三节 行业构成与行业规范 …………………………………… / 57
　一、行业构成 …………………………………………………… / 57
　二、行业规范 …………………………………………………… / 58

第四章　艺术品经营业的安全要素 …………………………… / 63
第一节 艺术品经营业中的风险评估及规避机制 ……………… / 63
　一、风险评估 …………………………………………………… / 63
　二、规避机制 …………………………………………………… / 68
第二节 艺术家与艺术品经营 …………………………………… / 72
第三节 艺术经纪在艺术品经营业中的重要职能 ……………… / 75
第四节 艺术品经营业人才培养 ………………………………… / 78
第五节 艺术品经营中的价值取向 ……………………………… / 79

第五章　艺术品经营业的有效管理 ······················· / 82
第一节　艺术品经营业的政策法规和监管体系建设 ············ / 82
一、艺术品经营业相关政策法规 ······················· / 82
二、建立艺术品经营业信用管理体系 ···················· / 84
三、建立艺术品科学评估体系 ······················· / 85
第二节　艺术品经营业的行业自律和监督体系建设 ············ / 87
第三节　艺术品经营业企业和机构内部管理 ··············· / 91

第六章　艺术品经营业的经验借鉴及展望 ·················· / 93
第一节　中国古代艺术品收藏和交易经验 ················ / 93
第二节　欧美艺术品经营业经验借鉴 ··················· / 97
第三节　全球化背景下的艺术品经营业展望 ··············· / 101
一、艺术品经营业与科技的融合既是机遇也是挑战 ············ / 101
二、艺术品金融是艺术品经营业发展的新动力 ············· / 103
三、艺术品消费的发展激发了更大的市场潜力 ············· / 104
四、中国艺术品经营业不断走向全球艺术品市场的中心位置 ······· / 104

附　录 ······································ / 108
参考文献 ····································· / 133

第一章 绪 论

一、文化安全与文化产业安全

在全球化的浪潮席卷之下,各国在经济领域中都发生了深刻而又巨大的转变,进而不可避免地波及包括文化在内的上层建筑领域。经济全球化常被视为西方发达国家利用自身的经济优势对经济欠发达地区进行的经济渗透以及资源掠夺,最终达到压制其他国家及地区的崛起,保证自身在全球经济中的优势地位的目的。伴随着经济渗透而来的还有文化方面的渗透,通过增强其他国家对西方文化价值体系的认同及依赖,从文化方面实现压制其他国家。赫伯特·席勒早在1969年出版的《大众传播与美利坚帝国》一书中就通过提出"文化帝国主义"(cultural imperialism)这一概念,来提醒人们警惕美国等西方国家通过电影、音乐等媒介对发展中国家的本土文化产生的潜在威胁。[1]

文化是维系一个国家与民族的精神纽带,人民对本国文化的认同感关乎整个国家的内部凝聚力。而文化安全对于人民的文化认同感来说意义重大,只有在安全的前提下,文化才能得到健康与长远的发展,满足人民日益增长的精神需求,创造人民认可的文化价值,为维护国家安全贡献出巨大的精神力量,向世界展现独特的民族魅力。

我国作为全球化浪潮的积极参与者,既要充分利用全球化带来的发展

---

[1] 参见[美]赫伯特·席勒:《大众传播与美利坚帝国》,刘晓红译,上海译文出版社2006年版,第12页。

机遇，也要清醒地认识到全球化会给我国文化领域带来的各种潜在风险。虽然目前我国文化主权独立性还是能够得到保证的，但绝非处于完全安全的环境中，在西方国家的强势挤压下，中华民族文化的国际生存环境并不乐观。这样的现状与我国所拥有的丰富文化资源极不匹配，也让美国等西方文化产业大国有机会入侵我国文化领域，企图挤压我国本土文化产业发展的空间，抢夺我国文化产业在国际舞台的话语权。

值得庆幸的是，我国已经越来越清楚地意识到全球化给我国文化带来的各种风险与挑战以及维护文化安全的重要性。2014年，习近平总书记在中央国家安全委员会第一次会议上就指出："当前我国国家安全内涵和外延比历史上任何时候都要丰富，时空领域比历史上任何时候都要宽广，内外因素比历史上任何时候都要复杂，必须坚持总体国家安全观，以人民安全为宗旨，以政治安全为根本，以经济安全为基础，以军事、文化、社会安全为保障，以促进国际安全为依托，走出一条中国特色国家安全道路。"此次会议中，习近平总书记深刻论述了我国国家安全的各个方面，提出构建集11种安全观于一体的国家安全体系，文化安全首次被列入其中，与军事安全、政治安全、经济安全等传统安全并列，共同构成了含义丰富的国家安全，并在其中占据着非常重要的地位。

我国对文化安全的研究大概始于20世纪末，相关研究很多，但对文化安全的定义，目前学术界仍没有形成统一的认知。陈敏将过往研究中对文化安全的定义大致归为以下几种：一是从防御性的角度定义国家文化安全，认为文化安全是相对于"文化渗透""文化控制"而言的，是一种相应的"反渗透""反控制""反同化"的文化战略。二是从全局的角度定义国家文化安全，认为国家文化安全的基本内涵应当包括一个国家的良性文化生存境遇以及与此相关的政治、社会、伦理、人际、信息等方面的安全状态。三是从文化主权的角度定义国家文化安全，如"国家文化安全首先是就国家主权意义而言，主要是指一个国家的文化主权神圣不可侵犯，一个国家的文化传统和文化发展选择必须得到尊重，包括国家的文化立法权、文化管理权、文化制度和意识形态选择权、文化传播和文化交流的独立自主权等。"[1]多样化的文化安全定义,势必会导向不同的研究方向。按照苏茂林等人的分类,可以将这20年来关于文化安全的研究分为以"文化产业安全"为核心的国家文化安全研究体系,以"基本文化制度安全"为核心的国家文化安全研究体系,以"民族文化安全"为核心的国家文化安全研究体系三大研究体系,当然也存在不属于这三类的研究方向,但因为共性不明显,所以没有再进行单独归类。[2]

文化是一个国家综合国力的重要指标之一,而文化产业就是文化现代化及国际化的关键途径,也是国民经济的重要支撑。据数据显示,作为文化产业强国的美国,其文化产业年产值已占全国GDP总量的1/4,在全球文化产业市场中也占到了近一半的份额,每年的产品出口甚至超过了航天工业相关产品的出口,成为美国仅次于军事工业的支柱性产业和第一大出口创汇产业。胡惠林曾在文章中指出,"文化综合国力日渐成为国家间利益均衡的一个重要参数和力量,对文化进而整个文化产业、文化市场的开发、控制、垄断和利用,文化'渗透'和'反渗透','入侵'和'反入侵',正成为全球化背景下国家间利益争夺的重要内容。"[3]由此可见,文化产业安全是文化安全的重要组成部分。我国作为世界上文化资源最为丰富的国家之一,文化产业的发展却在很长一段时间里远远落后于国际水平,远不能满足国内民众日益增长的文化消费需求。当这些需求不能在本国的产业中获得满足时,就给了外来竞争者以可乘之机,但文化产品的输入显然不同于其他商品,不仅会挤占本国文化市场,抢夺当地文化产业的发展空间,而且会给当地原有文化审美、价值观及道德取向造成严重冲击,扰乱文化生态,可见不断输入的西方文化商品及其背后所蕴含的价值观对我国本土文化构成了严重的威胁。

---

[1] 陈敏:"国家文化安全理论研究述评与展望——基于总体国家安全观的视野",载《探求》2019年第1期。

[2] 参见苏茂林、白中英、武丽丽:"国家文化安全研究:20年回顾与展望",载《重庆工商大学学报》(社会科学版),网络首发时间:2020年9月8日。

[3] 胡惠林:"国家文化安全:经济全球化背景下中国文化产业发展策论",载《学术月刊》2000年第2期。

鉴于这一问题的严重性，我国采取了一系列的措施控制外来文化商品的输入。而且我国并不是唯一采取文化保护及防御机制的国家，世界上有许多国家为了抵御全球化对本土文化的冲击，纷纷采取了各种措施以保证本国文化产业的发展空间，其中不乏西方发达国家的身影，法国文化产业的发展在整个欧洲已经属于佼佼者，但即使是这样，他们在面对美国文化产业的强势输入时，仍采取了一系列的限制措施，提出了"文化例外"以及"文化多样性"的观点，始终认为文化产品更重要的是其文化属性，而不是商品属性，哪怕是在文化全球化的趋势下，全球文化也不应该只呈现出某一种样貌，而应该是各种文化百花齐放的多元化存在。

显然，仅仅限制外来文化商品及外来资本的输入，对于文化安全及文化产业安全而言是远远不够的，一个国家文化产业的国际竞争力与国家文化的安全保证有着非常密切的联系。因此，我们需要加大对本土文化产业的支持力度，加快文化产业体制改革的步伐，大力培育本土优秀文化企业，进一步将中华民族传承下来的文化资源转化为强大的文化软实力，这样才能增加中国文化自身的安全保障力与国际竞争力，从根本上抵御全球化带来的文化冲击，并且为一个更多元化的世界文化格局贡献出中华文化的独特价值。

所幸，我国一直在朝着这个方向前进。2002年，党的十六大报告中就提到要积极发展文化事业和文化产业，完善文化产业政策，增强我国文化产业的整体实力和竞争力。2006年制定的《国家"十一五"时期文化发展规划纲要》明确将文化产业作为规划的重点门类，为文化产业的深入发展提供了契机，促进了文化产业的高速发展。2012年出台的《国家"十二五"时期文化改革发展规划纲要》中，明确指出了文化体制改革与发展的重点任务，采取了多措施、多手段、多办法，促进文化产业发展。2017年发布的《国家"十三五"时期文化发展改革规划纲要》的主要宗旨就是要加快文化发展改革，建设社会主义文化强国，明确指出要完善现代文化市场体系和现代文化产业体系，鼓励非公有制文化企业的发展，加大文化与科技融合创新力度。2020年《中国共产党第十九届中央委员会第五次全体会议公报》提出"繁荣发展文化事业和文化产业，提高国家文化软实力"

"健全现代文化产业体系"。除此之外,国家及地方政府还出台了各项政策支持文化产业的发展。

在各方努力之下,几年来,我国文化产业已经呈现出喜人的发展态势。据国家统计局相关数据显示,我国文化产业在2019年增加值达到了44 363亿元,较2004年增长了约13倍,文化产业增加值在GDP中的占比也从2004年的2.15%增加到了2019年的4.5%,已经成为我国经济发展的重要支柱性产业。但与美国文化产业在其国民经济中所占比例及其国际地位相比,我国文化产业仍有巨大的发展空间。

我们要清楚地认识到:在全球化的时代背景下,文化产业的发展不可能是"关起门来搞发展",而是意味着要在强大自身实力的同时,以更加积极的态度走向国际舞台,更自信地将中华文化推广到更多、更远的地方,这样才能不断维护和增强国家文化安全和文化产业安全。

二、文化产业安全研究

我国关于文化产业安全的研究几乎是伴随着文化安全研究的兴起而出现的。早在2000年,也就是文化产业安全研究兴起后不久,胡惠林就在文章中指出:一个国家的文化安全与这个国家的文化产业化程度密切相关。在经济全球化背景之下,如果不能在较高的层面推动文化产业的发展,国家文化安全是很难保障的。在此基础之上,他提出了文化产业适度准入原则以及民营化战略等解决方案,认为在激烈的国际竞争中,积极参与、主动出击可能更有利于国家文化的安全保障。[1]

卓成霞(2008)突出强调了在文化产业已经成为一个国家特殊的文化主权形态的时代,文化产业竞争力对国家文化安全的战略意义,认为我国文化产业在生产要素竞争力、需求状况竞争力及相关产业集群竞争力方面都有待提升,而我们可以从安全体系建设、人才培养、制度政策制定这三个方面入手去提升文化产业的整体竞争力,从而增强我国文化产业在国际

---

[1] 参见胡惠林:"国家文化安全:经济全球化背景下中国文化产业发展策论",载《学术月刊》2000年第2期。

竞争中的话语权及安全保障。[1]

李毅等人（2012）从经济理论中提取出国际竞争力、对外依存度、发展力及控制力等四个影响文化产业安全的因素，并认为在开放经济条件下，前两个因素对产业安全起到决定性作用，针对它们进行了定量研究，并且基于文化产业细分行业结构，对文化产业中的各个细分行业进行了安全指数分析。研究发现，虽然我国文化产业整体国际竞争力有所增强，对外依存度略有上升，整体发展较为平稳，产业安全指数也有所上升。但从细分领域来看，仍有一些领域竞争力相对较弱或对外依存度较高，这些领域中有一些对文化产业安全影响还相对较大，因此维护文化安全需要重点关注这些领域。[2]

王建平（2013）认为文化产业的安全发展既要考虑社会效益，也要考虑经济效益。并且针对我国文化产业发展过程中存在的西方文化对文化产业的入侵、"信息霸权主义"对文化产业的垄断、文化产业自身发展滞后等安全隐患，提出了加强文化产业安全意识、明确文化产业安全战略目标、健全完善文化产业安全法规、积极推进文化产业民营化进程及创建文化产业安全预警的应对措施。[3]

叶雪（2015）以法律政策为切入点，剖析了我国文化产业在对外开放的过程中遇到的安全问题，指出现有的关于文化产业安全的法律法规仍存在立法理念错位、立法层级偏低且法规间时有冲突、规定过于抽象不利于执行等问题，并提出建设文化产业安全的法律政策体系需要明确立法原则，正确处理文化产业安全法律与政策之间的关系，重视知识产权的保障，准入制度与审查制度相结合以及建立国家文化产业安全预警机制。[4]

---

[1] 参见卓成霞："我国文化安全语境下的文化产业竞争力"，载张全新等主编：《中国特色社会主义：理论·道路·事业——山东省社会科学界2008年学术年会文集（2）》，山东人民出版社2009年版，第600~605页。

[2] 参见李毅等："经济全球化趋势下我国文化产业安全的研究"，载《南京财经大学学报》2012年第3期。

[3] 参见王建平："创建文化产业安全预警系统，推动文化产业发展"，载《人民政协报》2013年4月23日，第B02版。

[4] 参见叶雪："国家文化产业安全的法律思考——以文化产业对外开放为视角"，载《出版科学》2015年第2期。

佟东（2015）指出文化产业安全包括文化产业结构安全、文化产业布局安全、文化产业组织安全以及文化产业政策安全四个方面，并重点分析了文化产业结构安全对文化产业发展的影响，指出我国文化产业结构的不安全在很大程度上是因为贸易结构与产业结构之间仍存在较大的差距，因此，文化产业结构升级及多产业协调发展是提高我国文化产业安全的一个重要途径。[1]

范杨洲等人（2016）在分析了我国文化产业发展的总体态势及生存环境的基础之上，从产业比较优势、产业集中度、产业控制力及产业对外依存度等四个产业安全研究常见的维度对我国文化产业存在的问题进行了定量分析，并提出了完善配套设施及管理体制、调整产业结构、以市场换技术、加强知识产权保护的宣传、利用人口优势及政策优惠等应对策略。[2]

林淞西（2017）认为我国文化产业可持续发展的出路在于文化产业的跨界融合，而这势必会给文化安全带来隐患。因此，从文化安全的角度来看，文化产业的融合不仅要考虑市场价值取向，更要具有社会人文取向，要以促进民族文化自觉为目标，保持一定的危机意识。[3]

贾美霞和李孟刚（2018）从文化产品流通的角度，指出我国文化产业安全面临着不重视文化产品的流通、行政壁垒阻碍流通、流通主体规模小、流通渠道权力不平衡、用户数据收集困难、缺乏专门人才、版权问题突出等困境，并且从流通观念、体制改革、运营环境、互联网思维、流通模式、版权以及平台合作等方面提出了一些改善当前处境的方法。[4]

梁竞阁和肖丽（2020）将文化产业安全的内涵分为文化产业内容安全以及产业生存与发展不受威胁两个层面，认为文化产业安全具有独特性、

---

[1] 参见佟东："中国文化产业结构安全对文化产业发展的影响"，载《改革与开放》2015年第23期。

[2] 参见范杨洲等："我国文化产业安全态势及其对策研究"，载《齐齐哈尔大学学报》（哲学社会科学版）2016年第4期。

[3] 参见林淞西："文化安全视阈下文化产业的价值选择与融合"，载《江汉论坛》2017年第2期。

[4] 参见贾美霞、李孟刚："文化产品流通视角下我国文化产业安全的现实困境与提升路径"，载《经济与社会发展》2018年第2期。

渗透性、创新性等特征。通过对文化产业在内容、体制、国际竞争力以及融资等方面面临的安全挑战进行分析，从而提出了把握意识形态主导权、加快管理体制改革、完善现代化市场体系以及构建多层次融资体系等多种保障措施。[1]

这些研究虽然角度各不相同，但大多是着眼于整个文化产业的安全问题的探讨，而文化产业是一个涵盖出版发行业、广播电影电视业、文化艺术服务业、新媒体业、休闲旅游业、文化用品业等在内的庞大产业体系，具体细分领域的安全问题仍有待研究。

三、艺术品经营业安全

艺术品的创作与欣赏，在我国有着悠久的历史，艺术品交易与市场也是古已有之，但是，由于历史上资本主义在我国并未经历一个完整的过程，也没有发展到成熟阶段，所以未能像西方发达资本主义国家一样自发形成完善的艺术品经营产业，因此，我国现代意义的艺术品经营业基本属于舶来的性质，如画廊、艺术品拍卖行、艺术品博览会等，都是借鉴国外的形式而发展起来的。改革开放之后，随着我国经济的高速发展，艺术品经营业也走上了发展的快车道，尤其是 20 世纪 90 年代以后，得到了飞跃式的发展，从在世界艺术市场中只占微不足道的份额到现在稳居世界前三的地位，应该说，我国艺术品经营业的发展与我国经济总体的发展是同步的。而艺术品经营业作为文化产业的重要组成部分，在近些年国家大力发展文化产业的背景下，其所受到的来自国家政策层面的关注与扶持力度也越来越大，因此，艺术品经营业在我国作为一个朝阳产业，随着人们在精神文化层面的需求日益增长，其发展前景是极其光明的。

但是，我们也不能盲目乐观，我国艺术品经营业的发展并非一片坦途，其中也蕴含着风险和危机，这一点在以往已经被证明，在今后我们也需要保持谨慎。尤其是在全球化大背景之下，我国的艺术品经营业也在很

---

[1] 参见梁竞阁、肖丽："文化产业安全理论分析与保障措施"，载《中国行政管理》2020 年第 4 期。

大程度上与国际接轨，融入了全球化的浪潮，这使我们更需要建立风险防范意识和产业安全意识。

全球化给我国艺术品经营业可能带来的风险可分为两个层面，一个是产业经营层面的，另一个则是文化安全层面的。产业经营层面的风险比较容易理解，例如，竞争的加剧给国内企业带来的生存压力，外资对本土企业的挤压或控制，外资介入对产业结构和产业布局的影响，国际市场动荡与国内市场产生联动效应等，这种风险相对而言是显性的，也可以通过相应的数据指标进行监测。而文化安全的风险则是相对隐性的，但却是影响更加重大而深远的，因为艺术品归根到底具有文化属性、精神属性和意识形态属性，如果因为外部资本以及其背后的政治势力的介入而使我国的艺术发展偏离了正确健康的轨道，后果将是非常严重的。中国当代艺术在20世纪末到21世纪初火爆一时，而后走向沉寂，背后所体现的西方资本对中国艺术审美和艺术品定价话语权的操控值得我们深刻反思，如果我们没有文化安全意识，一味追求市场的虚假繁荣，最终导致的可能不仅是经济上的损失，甚至可能是对民族文化的巨大伤害。

因此，本书选取了属于文化艺术服务业范畴的艺术品经营业作为研究对象，结合艺术品经营业的基本构成与当前我国艺术品经营业的运营现状，对艺术品经营业发展过程中存在的安全因素进行了分析，给出了一些有效管理的建议，虽然只是一孔之见，也希望能对我国艺术品经营业的安全健康发展有所裨益。

第二章 艺术品经营业的构成和运行

第一节 画　廊

一、画廊

16世纪，西方贵族将收藏的美术作品陈列于宅邸的走廊上，"画廊"一词由此而来。而我国传统的艺术品经营机构并没有统一的称谓，"画廊"这一用法经日本传入我国，并在我国的艺术品经营业中逐渐推广使用。

早期的画廊指的是用于收藏、公开陈列以及销售美术作品的场所，其展览属性与美术馆功能接近，但其所展览的作品商品属性更强。从当下艺术市场的应用情况来看，画廊早已不囿于最初的含义。随着艺术市场的逐渐成熟，画廊不仅是美术作品经营及推广的重要场所，也是艺术家培养与推广的机构，是促成艺术家与市场双向连接的中介。

二、画廊的分类

在我国，虽然画廊业起步较晚，但近些年也逐渐趋于成熟。尽管目前仍存在一些问题，但作为一个独立的业态，已经形成了一定的模式。互联网及移动支付日益普及也给画廊业带来了新的变化，开始出现一些新的格局和形态。艺术市场上现有的画廊数量及种类繁多，可以从不同的角度对其进行分类。

从运营模式角度来看，画廊可以分为传统画廊和现代画廊。传统画廊就是指那些经营方式延续我国传统画店、画铺的模式，为艺术品提供展销场所，以赚取差价的艺术品经营机构。我国自古就有从事艺术品经营的机构，如宋代的"笺扇庄"就是从事书画经营的场所，在当时被称为"画铺"。直到明末清初，笺扇庄在传统书画经营中仍占据着十分重要的地位。据记载，在1909年，仅上海地区的笺扇庄就有109家。除此之外，古董店、装裱店、南纸店等也都属于传统的艺术品经营场所，这些店铺多以"轩""堂""斋"等命名。在这种模式下，成熟知名画家的作品更受追捧，新兴艺术家很难有对接市场的机会。而现代画廊主要是指按照西方画廊模式运营或受其影响的艺术品经营机构。这类画廊往往注重艺术品价值的发现以及艺术家的培养与推广，其典型代表是山东青州的画廊一条街以及聚集在北京798艺术区中的众多画廊。他们会与艺术家签订长期代理合约，通过设计、包装和运作来对艺术家及其作品进行市场规划及推广。也就是说，在这一模式下，艺术家可以专心于创作，剩下的工作基本都由画廊来完成。在画廊精心设计的运作下，艺术家的名气可能会大增，画作的价值也成倍增长，哪怕是之前没有名气、没有市场的新兴艺术家在这样的运作模式下也会有更多机会。由此可见，现代画廊与艺术家之间的合作关系更为紧密，且运作更为专业。

从业务层级角度来看，画廊分为主营性画廊、非主营性画廊。主营性画廊是指以艺术品经营性展览活动为其业务形式的画廊，这类画廊的主要收入就是来自艺术品交易。而非主营性画廊是以金融、地产等投资业务为主，以此为艺术品交易及活动提供支撑的画廊。

从经营场地角度来看，画廊可分为实体画廊与网上画廊（或称线上画廊）。实体画廊需要提供与艺术作品现场接触的场地，通过实体展览来实现艺术品的交易与推广。而网上画廊则是现代科技发展与艺术品经营业相结合的产物。不同于实体画廊，网上画廊展示作品的场地是虚拟的网络空间，不仅突破了空间和时间的约束，还为艺术品爱好者提供了一个可以双向互动的交流平台。不过，从目前的艺术市场实际情况来看，网上画廊并不是要取代实体画廊，而是与实体画廊取长补短、相互支撑。

三、画廊业在艺术品经营体系中的作用

在成熟的西方艺术品经营体系中，画廊被看作是艺术品交易一级市场的主要形态，不仅是收藏、展示以及销售艺术品的场所，还要负责艺术家的发掘、培养与推广，其对于艺术品市场以及艺术家的发展来说都至关重要。画廊作为代理机构，是艺术家与藏家之间的桥梁与纽带，除了销售签约艺术家的作品之外，还要充当藏家的艺术品收藏顾问，同时还要与评论家、拍卖行、博物馆等形成良好的合作关系。

画廊是市场经济的产物，在很多欧美国家，衡量一个艺术家的市场价值时更看重的是其签约画廊的市场地位，而非艺术家的获奖经历。画廊与拍卖行以及艺术品展会共同构成了艺术品经营业的主体结构，因此画廊业的健康发展是艺术品市场稳定及可持续发展的重要因素之一。

而画廊在整个艺术品交易过程中最大的优势就是"保真"。画廊可以直接对接艺术家，从艺术家手上直接获得作品，因此能保证作品的真实性。

第二节　艺术品拍卖业

一、艺术品拍卖

艺术品拍卖是指将艺术品（尤其是已经得到一级市场认可的艺术品）通过公开竞价的形式，转让给最高出价者的一种交易形式。

二战前，艺术品的交易主要被画廊、画商或古董商垄断。而如今在艺术品市场上举足轻重的老牌拍卖公司佳士得，在创立之初虽靠拍卖王公贵族的遗物（其中就有不少属于艺术品）将拍卖业带进了上流社会，但在艺术品交易中的地位远不如当时占据垄断地位的画廊和画商。20世纪之后，以书籍拍卖起家的英国最古老的拍卖行苏富比，也开始向艺术品拍卖转型。二战后，国际艺术市场逐渐形成，佳士得和苏富比借由各自的全球化发展战略，影响力不断扩大，这两家拍卖行在不断竞争的过程中也相互学习，逐步确定了自身在艺术品市场中的主导地位。

二、拍卖业在艺术品经营体系中的作用

拍卖行从画廊、收藏家那里获得艺术品，通过拍卖方式销售艺术品，是专注于艺术品交易的机构。在艺术品市场中，拍卖业属于二级市场，主要负责艺术品的定价及在此基础上的价值实现，是艺术品市场的重要风向标，在整个艺术品经营业中占据着重要地位，影响力也极大。

拍卖这种交易形式在艺术品经营中的优势就是公开透明。艺术品是一种属性特殊的商品，交易过程中所涉及的真伪鉴定、价值评估、市场预判、展览销售等环节对专业性要求极高，这就需要专业人员以及专业机构承担这些工作，这样才能让更多藏家参与进来。而传统古董艺术品交易模式中价格与买卖大多是不透明的，这就导致以次充好、造假买假等问题层出不穷，市场混乱不堪。而拍卖行作为中介机构，将藏家聚集在一起，整个交易过程都是在法律的约束和保护下公开进行，极大地减少了交易中的不良行为，避免了不公正交易，这样对买卖双方来说都是保证。再者，拍卖是价高者得，这种方式往往能充分释放购买力，成交价格往往较高，拍品价格"破亿"也是常有的事，这样既能够帮助卖家和拍卖行增加利润，也有助于藏家买到经过市场检验的精品。

第三节 艺术品展会

一、艺术品展会

艺术品展会是将艺术品一级市场的经营主体聚集在一起展示、销售艺术品的平台，同时也是交换行业信息、建立关系网络的平台。大型艺术品展会通常被称为艺术博览会（以下简称"艺博会"）。其起源可追溯至早期的欧洲艺术集市或17世纪的法国沙龙。在艺术品交易机制成熟的欧美国家，艺博会往往是与画廊业同步发展的，艺博会的绝对主角就是画廊。

二、艺术品展会在艺术品经营体系中的作用

艺术品经营业发展的核心是交易体制的构建，而艺博会是这个交易体制构建过程中不可或缺的独特存在。因为艺博会除了展览销售等商业功能

之外，还兼具非常重要的学术推广功能。由于艺博会的参与者众多，大量行业相关主体的聚集，创造了一个多方交流的空间，为画廊、艺术家、藏家及学者之间的交流互动提供了便利，有助于与艺术品经营相关的学术研究的发展。很多大型博览会都会发布艺术经营相关报告，不仅对艺术品经营实践具有指导及借鉴意义，以便对未来的市场进行预判，同时推动了艺术品经营相关研究的发展。

艺博会最大的优势就在于资源的整合。首先是整合本地资源，艺博会的区域属性十分明显，地理基础对其形成有着决定性作用，将地域、经济与文化产业有机整合在一起，以此来打造一个区域化特征明显的艺术市场，可以吸引更多的主体参与其中。因此，艺博会往往也成了画廊吸引新藏家的重要渠道之一。而且，艺博会也为国际艺术品经营机构进入国内市场提供了渠道。众多机构的参与，更加凸显出艺博会筛选机制的重要性。画廊会选择参加有优秀销售记录的艺博会，而艺博会为了保证自身质量、保留优质藏家资源，也会对参展的画廊进行筛选。这种双向选择在一定程度上保证了艺术作品的品质，最终实现优质藏家、优质艺术品的整合。

第四节 艺术品金融产品

一、艺术品金融产品

艺术品金融产品是艺术品市场与金融市场融合的一种产物，通过将艺术品资源转化为金融资产，以便于个人或机构资本借助金融机构的专业运作进入艺术品投资领域，有利于降低艺术品投资门槛。

艺术品金融存在已久，在不断探索与实践中由简单发展到复杂，由单一发展到综合，逐步形成了如今的发展态势。现代艺术品金融产品形态可追溯至20世纪西方的艺术基金，法国熊皮基金被认为是最早成立的艺术品专业基金，而随后出现的英国铁路养老基金、美国艺术共同基金等，都在基金的组合投资中，配置了一定比例的艺术品资产。后来，银行业进入这一领域，艺术品投资顾问以及艺术银行逐渐兴起，艺术品资产与财富管理也逐渐出现。随着艺术品资源与金融体系的融合不断深入，新的产品、新的业态还在不断涌现。

二、艺术品金融产品的主要形态

（一）艺术品基金

艺术品基金是将投资者分散的资金集中起来，由专人运作，以艺术品投资组合的方式获得收益的金融产品。其特点是独立托管、专业管理、组合投资、独立核算、收益共享以及风险共担。根据其发行方式基金可分为私募基金和公募基金。私募基金是指以非公开方式向特定投资者募集资金用于投资的基金，主要通过签订委托投资合同或共同出资成立股份制公司的方式来实现资金的募集。公募基金则是以公开方式向非特定的投资者募集资金用于投资的基金，其运作需要在政府的监管下公开透明地进行，较私募基金更为规范。

目前，我国艺术品基金主要是私募基金，以非公开方式募集资金的投资基金，按照合同约定将资金用于艺术品投资，最终实现较高的投资收益。

（二）艺术品信托

艺术品信托是指委托人将其持有的资金委托给受托人，由受托人以自己的名义，按照委托人的意愿将该资金投资于艺术品市场，并由受托人具体负责艺术品投资事务，在尽可能控制风险的前提下为投资者获取艺术品价值增长的收益。

艺术品信托主要分为融资型信托和投资型信托两种。目前，大多数艺术品信托产品都属于这两种的混合，即基础收益与浮动收益相结合。

（三）艺术品份额化交易

艺术品份额化就是先对单件艺术品或多件艺术品的资产组合进行估价，再将其价值按照份额拆分成若干份，投资者认购拆分后的份额，并根据份额价格变动情况进行交易，通过价格差来实现收益的投资产品，形式与证券交易类似。份额化交易是我国在艺术品金融领域的一项创新，不过这一模式自出现以来，就一直备受争议。

（四）艺术品质押融资

艺术品质押融资是指债务人或担保人作为出质人，以其所拥有的艺术品作为质押物，向金融机构借贷资金的融资方式。出质人可以将艺术品作为动产进行质押，也可以将艺术品所具有的其他可转让的权利进行质押。这种金融业务的提供者多为银行。

三、艺术品金融产品在艺术品经营体系中的作用

艺术品金融产品不仅是艺术品经营体系的重要组成要素，也是推动艺术品经营体系规范化发展的重要动力，更是艺术品经营业未来发展的重要方向。

在全球金融危机的考验下，艺术品资产以其优异表现确立了自身优质资产的地位，成为财富人群投资的重要选择。艺术金融产品能够帮助缺乏专业知识的投资者更安全地进入艺术品投资领域，通过配置艺术品资产来达到分散投资风险、增加收益的目的。

在艺术品经营业发展的过程中，鉴定与定价这两个关键环节一直存在严重的隐患。而艺术品金融产品的发展可以借助于资本的力量，推动艺术品经营体系在诚信机制、定价机制以及退出机制方面的自我完善。而且，在金融业与艺术品经营业不断融合的过程中，激发了艺术品市场的活力，新的业态层出不穷。

第五节 非营利性机构

一、非营利性机构

非营利性机构（或称非营利组织）是不以追求市场利润为目的，旨在为社会提供公益服务，实现某种公益目的一类机构。非营利性艺术机构为社会提供的是与艺术品相关的公益服务，其运营的主要目的是推动本国文化艺术事业的发展。

"非营利机构"一词源自二战之后的西方国家，其特点是不以获取利润为宗旨；不能进行利润分配，即非营利机构可以进行一定形式的经营活

动赚取利润，但盈利不能在成员间进行分配；不能将机构资产转化为私人资产，即机构资产属于社会而不是机构经营者。这类机构及其捐赠者通常享有政府税收优惠。

二、非营利性艺术机构的主要形态

博物馆与美术馆都是非常重要的非营利性艺术机构，而且二者联系非常紧密，都具有征集、收藏、展示及研究艺术品的功能。在西方，美术馆就被称为艺术博物馆（Art Museum）。但在我国，美术馆与艺术博物馆还是有明显区分的。由于政策因素的影响，美术馆发展到一定阶段才具备馆藏功能。因此，就形成了古代艺术品相关工作主要由博物馆承担，近现代艺术品相关工作则由美术馆来负责的这样一个局面。

艺术基金会也是艺术品经营体系中非常重要的非营利性机构，其主要功能就是利用捐赠来的资金推动文化艺术行业的发展。美国的艺术基金会体系已非常成熟，艺术基金会是很多像美术馆或博物馆之类的重要艺术机构的支撑力量，美国大多数的艺术机构都得到了艺术基金会的资金支持，如此才成就了如今美国艺术品市场的规模及繁荣。

三、非营利性机构在艺术品经营体系中的作用

非营利性机构虽不直接参与艺术品的交易，但其所具备的保存、展示、教育及研究等功能对艺术品经营的发展提供了强有力的支持，对艺术品市场的发展而言至关重要。

非营利机构一方面能够通过艺术展览及交流等相关的活动提高公众在艺术品市场中的参与度，通过公共美育活动来提高整个社会的审美趣味；另一方面还能为艺术品的传承、创新、研究等领域提供资金或技术支持，以达到促进整个行业可持续发展的目的。

第三章 全球化背景下的中国艺术品经营业运行

　　进入 21 世纪以来,我国艺术品经营业的发展速度惊人,国际地位也不断攀升。在不到 20 年的时间里,我国艺术品经营业在全球行业中的地位从几乎可以忽略不计,到稳居前三名。当然,这一发展过程并非一帆风顺。初期,我国的艺术品经营业经历了一个相对快速的发展阶段,到 2007 年达到一个高峰,之后受金融危机的影响,在 2008 年和 2009 年有所回落。但之后两年又再次出现了高速增长,2010 年中国艺术品市场交易额达 99 亿欧元,占全球艺术品市场成交份额的 23%,仅次于美国(占 34%),名列世界第二;2011 年,中国艺术品市场以 138 亿欧元的交易额,占全球艺术品市场成交份额的 30%,首次超越美国(占 29%),名列世界第一。自 2012 年开始,中国艺术品经营业没有持续前两年的增长势头,而是出现了较大幅度的回调,艺术品市场交易额下降显著。但即便这样,2012 年仍以 106 亿欧元占全球艺术品市场成交份额的 25%,仅次于美国(占 33%),仍保持了全球第二的市场地位。

　　目前,随着中国经济发展进入新常态,我国艺术品市场的发展也进入了提质减速常态化的稳定阶段,相较过去,我国艺术品市场总体规模至少增长了 130%,在全球艺术市场中占据着举足轻重的位置。据巴塞尔艺术展与瑞银集团环球艺术市场报告估算,2019 年全球艺术品市场总成交额约达 641 亿美元,较 2018 年下降了 5%。其中,我国市场成交额为 117 亿美元,同比下降了 10%,但仍是全球第三大艺术品市场,市场占比为

18%。[1]

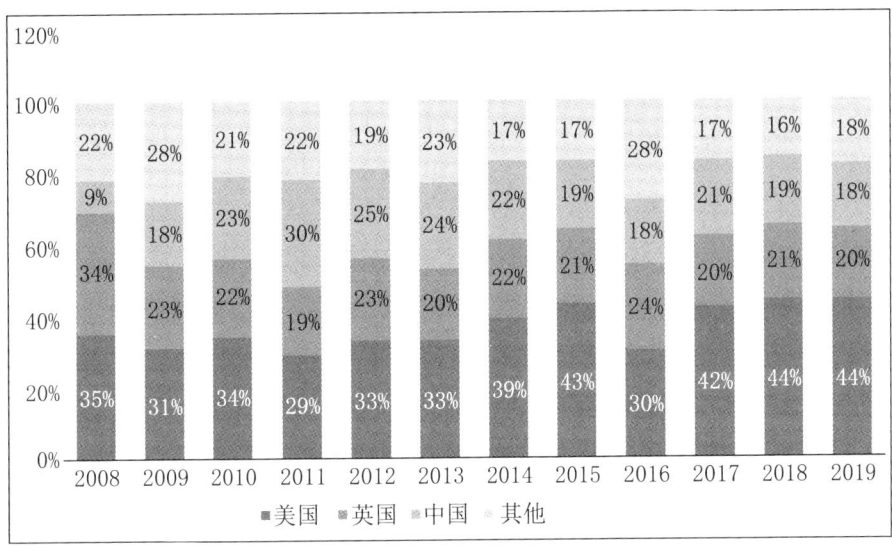

图3-1　2008~2019年全球艺术品市场销售占比

数据来源：公开资料整理

从当前的市场表现来看，我国艺术品市场之前经历的回调更大程度上可以说是市场"去伪存真""化虚为实"的表现，是艺术品经营业回归理性、回归文化价值的过程，因此这一调整总体上来说是健康的，是有利于艺术品经营业长远发展的。

目前，中国高净值人群规模迅速扩大，他们对艺术品市场的兴趣是中高端市场的潜力所在。根据《2019胡润财富报告》显示，截至2018年12月31日，中国地区拥有千万资产的"高净值家庭"达到了198万户，其中拥有千万可投资资产的"高净值家庭"达到了106万户。[2]在他们中间，有越来越多的投资者表示出对艺术品市场的兴趣，他们对艺术品不仅有审美上的需求，更愿意将艺术品投资作为其资产配置的一部分。而大众消

---

[1] Art Basel and UBS: *The Art Market 2020*.
[2] 参见胡润研究院、雅昌艺术市场监测中心：《2019中国高净值人群艺术品投资白皮书》。

费结构的调整，文化消费所占比重的提升则是中低端市场发展的推动力。

自 2018 年起，马斯特里赫特欧洲艺术和古董博览会（TEFAF Maastricht）发布的《TEFAF 全球艺术品市场报告》开始由"年度报告"改版为"主题性报告"，而 2019 年度报告的主题就是中国，这是国际艺术机构首次对中国艺术市场进行历史性回顾，也是中国艺术市场第一次成为全球性研究报告的主题，不仅显示了其他国家对中国艺术品市场的关注在不断加深，而且反映出中国艺术品经营业在全球范围内的影响力和话语权正在发生着根本性的改变。

2020 年，正处于调整期的中国艺术品市场又受到新冠疫情的冲击，其未来走向备受关注。被迫延期到 7 月份举行的香港春拍成交额和成交量似乎并没有太多地受到疫情影响，市场热情出乎意料，高价拍品频现，共有 7 件拍品成交价破亿。鉴于香港艺术品市场，尤其是香港艺术品拍卖市场在中国艺术品市场上占据着十分重要的地位，此次春拍的表现在很大程度上传递出藏家对中国艺术品市场未来发展的信心。

表 3-1　2020 年香港春拍现当代艺术拍品 TOP10

排名	拍品	成交价（港元）
1	常玉《绿色背景四裸女》	258 341 000
2	常玉《青花盆中盛开的菊花》	191 620 000
3	大卫·霍克尼《30 朵向日葵》	114 827 000
3	赵无极《20.03.60》	114 827 000
5	赵无极《18.11.66》	114 440 000
6	朱德群《自然颂》	113 688 000
7	赵无极《19.11.59》	110 840 500
8	格哈德·里希特《霜（1）》	79 255 000
9	克里夫·斯蒂《PH-306》	64 141 500
10	赵无极《22.6.63》	54 310 000

数据来源：艺术市场通讯

第三章　全球化背景下的中国艺术品经营业运行

第一节　中国艺术品经营业各领域运行情况

一、画廊业运行情况

我国画廊业的兴起可追溯至 1987 年北京地区出现的一些出售油画作品的经营性画廊，不过这些画廊与现代画廊还是有所区别的，其性质更接近我国古代出售美术作品的画铺或画店，主要客源是来中国旅游的外国游客。直到 1991 年，来自澳大利亚的布朗·华莱士看到了中国艺术市场的巨大潜力，在北京成立了实行签约代理制的红门画廊，将西方画廊的运营模式引入我国，才开启了我国现代化画廊的发展之路。

2001～2014 年是我国画廊业迅速发展的阶段，据欧洲美术基金会的统计，2012 年我国画廊市场交易量达 42 000 笔，市场活跃度维持在较高水平。据雅昌艺术市场监测中心（AMMA）不完全统计，截至 2014 年，新增画廊量较 2001 年上涨 951%，处于历年峰值。这一发展趋势在 2014 年后开始发生转变，我国艺术品经营业整体进入提质减速的调整期，画廊业也不例外，国内新增画廊数陡然下降，截至 2017 年年底，国内共有画廊 4399 家，新增画廊量较 2014 年下滑 93%。[1]据《中国艺术品市场年度研究报告 2018-2019》中的数据显示，我国画廊总数从 2014 年的 11 518 家下降到 2018 年的 7151 家，降幅达 37.91%，主营性画廊数量也从 4423 家降至 2954 家，但主营性画廊的占比有所提升，达到 41.30%。画廊成交总额自 2014 年的 85.69 亿元逐年递减至 2018 年的 49.06 亿元。[2]这在一定程度上体现了我国画廊业开始趋于理性发展，对其经营特色及专业性要求逐渐提高。

经过几十年的发展，我国画廊业有了很大的进步，在北京、上海、香港、山东、广东等地区涌现出一批规模较大且特色鲜明的画廊。北京是中国画廊市场的中心地区，北京地区的画廊市场是全国规模最大的，占总量的 29.12%。上海是近两年中国画廊市场增长较快的地区，上海画廊数量

---

〔1〕参见雅昌艺术市场监测中心：《中国画廊行业调研报告（2017）》。
〔2〕参见西沐主笔：《中国艺术品市场年度研究报告 2018-2019》，中国经济出版社 2019 年版。

在全国画廊总量中占比为 9.96%，位居全国第二。[1] 而深圳是 2017 年画廊业关注的焦点。各地还形成了一些著名的画廊聚集区，如北京 798 艺术区、草场地画廊区、琉璃厂画廊区、宋庄画廊区，上海的 M50 创意园区等。北京地区的画廊在规模与专业性上最为突出，根据 AMRC 艺术市场研究中心的数据显示，截至 2017 年年底北京的 9 大艺术区共有专业画廊 415 家。[2]

表 3-2　2011/2012 年度中国画廊排行榜前 10 强

排名	画廊名称	硬件设施	学术价值	商业价值	总分	学术价值排名	商业价值排名	成立时间	成立地点
1	香格纳画廊	8.4	40.25	36.17	84.82	1	5	1996	上海/北京
2	佩斯北京画廊	7.5	32.9	44	84.4	6	1	2008	北京
3	长征空间	8.1	35.85	39.94	83.89	2	3	2000	北京
4	大未来·林舍画廊	8.5	33.15	36	77.65	4	6	2010	台北/北京
5	高古轩	5.6	27.2	41.5	74.3	21	2	2011	香港
6	当代唐人艺术中心	7.6	31.9	32.44	71.94	7	14	2001	北京/香港
7	麦勒画廊	8.8	30.7	31.17	70.67	10	16	1992	北京
8	偏锋新艺术空间	7.6	30	33	70.6	12	11	2006	北京
9	诚品画廊	8.5	29.3	32.47	70.27	16	13	1989	台北
10	星空间	7.1	29.75	33	69.85	14	12	2005	北京

数据来源：《芭莎艺术》

相较全球画廊行业整体水平而言，我国画廊业仍处于非常不成熟的发展阶段。而且与我国艺术品拍卖业的飞速发展及其在全球艺术品市场中的地位迅速提升相比，画廊业的发展明显处于劣势地位。据雅昌艺术市场监

---

[1] 参见雅昌艺术市场监测中心：《中国画廊行业调研报告（2017）》。
[2] 参见雅昌艺术市场监测中心：《2018 年度全球艺术市场报告》。

测中心的数据表明，2017年销售额处于100万元到500万元这个区间内的中国画廊占画廊总数的34%，也是最大占比，而年销售额超过1000万元的画廊仅占10%。而且当前我国画廊所销售的画作单价普遍偏低，2017年国内画廊售价在5万以下的作品占比52%，这一价位仍属于艺术消费品级别，售价高于50万的作品仅占5%。[1]

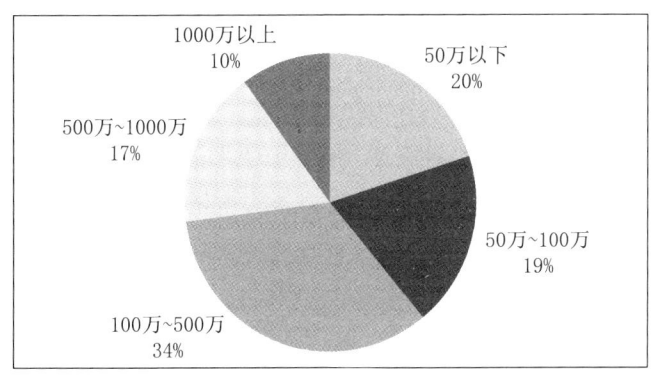

数据来源：《中国画廊行业调研报告（2017）》

图3-2　2017年中国画廊销售情况

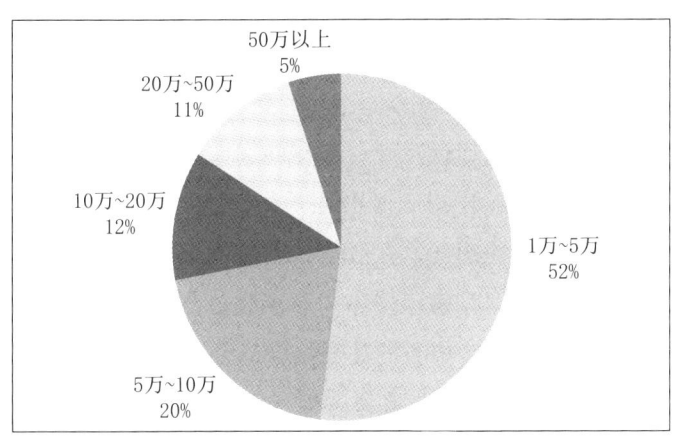

数据来源：《中国画廊行业调研报告（2017）》

图3-3　2017年中国画廊销售的艺术品售价情况

---

[1] 参见雅昌艺术市场监测中心：《中国画廊行业调研报告（2017）》。

我国画廊业的发展明显存在很多来自内外部的制约因素。一方面，我国画廊业所处的外部环境错综复杂。首先，我国画廊业发展缺乏政策性引导与规范。不像艺术品拍卖业有《中华人民共和国拍卖法》及中国拍卖行业协会的约束，我国至今尚未有专为画廊业而设置的法律条款，在2016年新修订的《艺术品经营管理办法》发布之前，行业政策约束的范围也不够完善，而且至今都没有成立全国性的画廊行业协会来对画廊业的经营与发展进行约束。我国税收制度对画廊业的发展也不太友好，根据税法规定，除了进口艺术品需缴纳1%的进口关税之外，全年销售额在80万元以下的画廊，按照小规模商业企业还要缴纳3%的增值税，年销售额超过80万元的画廊需缴纳13%的增值税。此外，画廊还需缴纳艺术家的个人所得税、企业所得税等，相加在20%以上。而专业性画廊作品实际销售量并不稳定，售后资金往往还需与艺术家分成，同时还要负担房租、人员、艺术家推广和展览等经营成本。现行的税收政策加上较高的运营成本压力严重阻碍了画廊扩大发展。税收高压不仅让新生画廊难以为继，在一定程度上也造成了艺术品经营业的混乱业态，致使低报、瞒报等逃税手段屡见不鲜。再加上外资画廊及拍卖行业对市场的蚕食，导致我国画廊行业为了抢占市场不择手段，售假、违约等乱象频生，最终失去市场信心，在艺术品经营体系中逐渐被边缘化。

另一方面，我国的画廊经营理念存在问题，契约精神的缺乏动摇了长期经营的信心。在欧美地区，画廊业的历史悠久，行业成熟度非常高，投资回报稳定的画廊经营周期基本在10年以上。行业普遍认可艺术品投资不是一种短期投资行为，画廊愿意陪伴艺术家成长，以期未来能够获得丰厚的回报。但据雅昌艺术监测中心的数据显示，至2017年年底，我国画廊的经营年限大多低于10年，这类画廊占到了全国画廊总数的72.5%，经营年限在11~15年这个区间内的画廊仅占全国画廊总数的14.1%。[1]除了外部因素影响之外，我国画廊经营周期短的很大一部分原因是其追逐短期回

---

[1] 参见雅昌艺术市场监测中心：《中国画廊行业调研报告（2017）》。

报的经营理念与艺术品投资的周期是相悖的，画廊本该充当艺术家及其作品的价值发现平台，但由于受到资本热潮的影响，画廊普遍没有耐心等待艺术家成长，更倾向于选择代销或代理已经有一定名气艺术家的作品，这样一来，不仅可以减少宣传推广费用，而且能更快实现变现收回资金。而且画廊与艺术家之间的合作关系也模糊不清，双方普遍都缺乏契约精神。如果短期不能看到市场回报，画廊方可能会终止继续代理关系；反过来，如果在画廊的推广下，艺术家的市场影响力提高，作品价格快速上涨，续约可能会成为难题，因为艺术家可能更愿意越过画廊私下与藏家进行交易。这些诚信问题的存在让画廊担心前期投入收不回，而不愿意作出长期投资的决定。

在如此艰难的环境下，我国画廊业离成熟尚有很长的路要走。面对现代艺术品市场，走中国传统画店的老路肯定会被时代淘汰；鉴于我国私下交易泛滥、拍卖业独大的市场特性，复制欧美画廊的成功之路显然也行不通。我们只能不断地探索，积累经验，最终找到一条具有中国特色的画廊经营之路。

二、拍卖业运行情况

虽然我国的拍卖行业萌芽自 20 世纪 80 年代的国营拍卖行，但直到 90 年代才开始出现一批专门从事艺术品拍卖的公司，我国艺术品拍卖业才正式开启，这也标志着我国艺术品经营开始按照市场经济的规律来发展。

中国艺术品拍卖虽起步晚于全球艺术品拍卖市场，但发展速度惊人，在不到 30 年的时间里，我国艺术品拍卖行业迅速在全球拍卖市场中占据了一定的竞争优势。尤其是 2008 年全球经济危机之时，海外艺术品拍卖市场遇冷，中国艺术品拍卖业逆势而上，在 2010 年赶超长期居于榜首的美国，成交额跃居全球第一，占比 33%。虽然我国艺术品拍卖行业自 2012 年开始进入回调期，但在全球艺术品拍卖市场上仍占据着举足轻重的地位。在 2019 年全球艺术品拍卖市场上，我国拍卖行业仍占有第二大的市场份额，占比 29%。中国艺术品拍卖在全球市场上份额的提高也充分反映出我国艺术品市场国际地位的提高，使中国的艺术品市场在国际上拥有了更大的话语权和定价权。

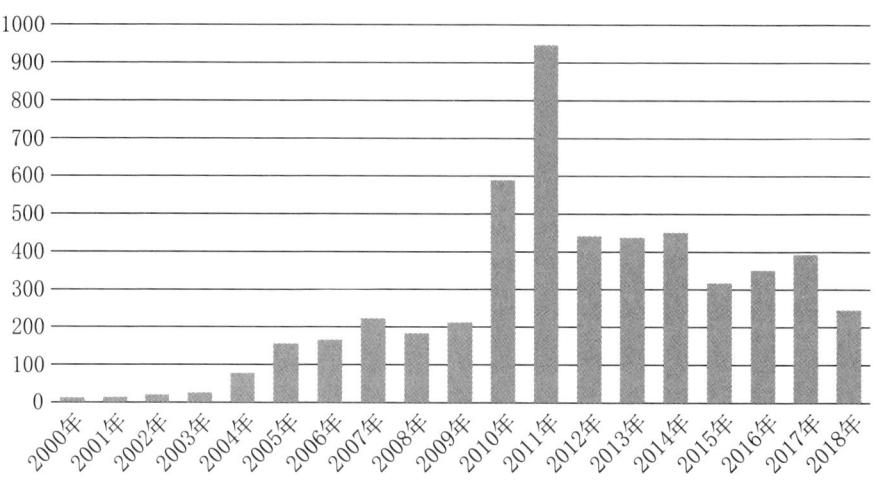

数据来源:《中国艺术品市场年度报告》(2012~2018年)

图3-4 2000~2018年中国艺术品拍卖市场成交额(单位:亿元)

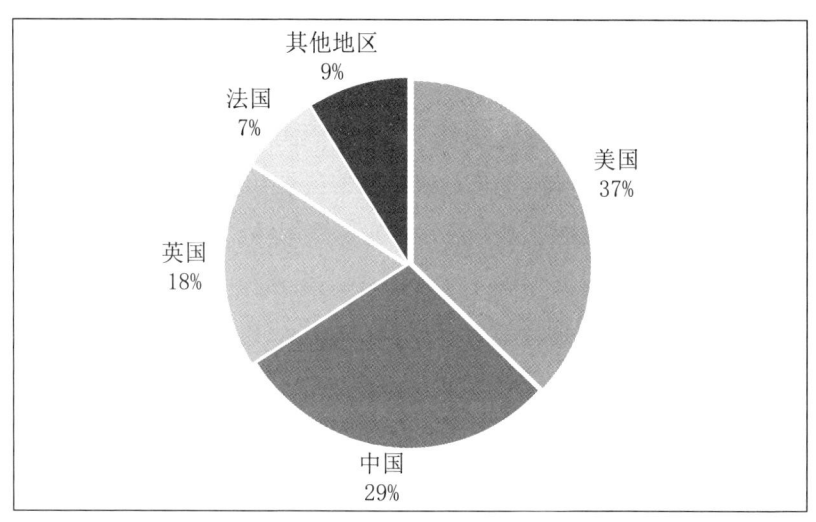

数据来源:《巴塞尔全球艺术市场报告2020》

图3-5 2019年全球艺术品拍卖市场成交额占比

1992年8月上海朵云轩拍卖有限公司成立,标志着中国艺术品拍卖业的出现。1993年5月中国嘉德国际拍卖有限公司成立、1994年1月北京翰海拍卖有限公司成立、2004年12月西泠印社拍卖有限公司成立、2005年7月北京保利国际拍卖有限公司成立、2005年10月北京匡时国际拍卖有限公司成立，这些大型艺术品拍卖公司的相继出现，使得中国艺术品拍卖公司的集团化优势不断加强。根据法国艺术市场网Artmarket（原Artprice）与雅昌艺术市场监测中心联合发布的《2019年度艺术市场报告》显示，2019年全球十大艺术品拍卖公司中，就有六家是中国公司。北京保利和中国嘉德两家中国艺术品拍卖公司分别以6.17亿美元和5.88亿美元的成交额排名全球第三和第四位，仅次于全球艺术品拍卖巨头佳士得和苏富比。同时，华艺国际、西泠印社、荣宝和匡时拍卖公司分别以2.03亿美元、1.86亿美元、1.50亿美元和1.08亿美元的成交额位列全球第六、第七、第九和第十位。[1]

表3-3 2019年总成交额全球前10强拍卖行

排名	公司	成交金额（亿美元）	总成交量（件）
1	佳士得	36.48	15 320
2	苏富比	35.89	14 134
3	保利	6.17	4575
4	嘉德	5.88	8659
5	富艺斯	5.84	4613
6	华艺国际	2.03	1323
7	西泠印社	1.86	3941
8	邦瀚斯	1.70	8729
9	荣宝	1.50	2901
10	匡时	1.08	1209

数据来源：《2019年度艺术市场报告》

---

[1] 参见雅昌艺术市场监测中心、Artprice：《2019年度艺术市场报告》。

根据雅昌艺术市场监测中心的统计数据显示，2019年全年中国艺术品市场量缩价平，成交率走低，具体表现为上拍作品36.36万件，同比减少2.45%；成交16.15万件，同比减少14.22%；成交额为491.69亿元，同比上涨1.2%；年度成交率为44.42%，同比下跌6.1%，为2010年以来最低。[1] 虽然成交率以及成交量有所下降，但成交额不降反升，这很好地反映了我国艺术品市场提质减量的成效，拍品品质的提高有助于稳定市场信心，也是艺术品市场健康发展的正确方向。目前，我国艺术品拍卖业仍处于提质减量的"新常态"阶段，这种对拍品"去粗存精"的深度调整说明中国艺术品拍卖业正在朝着理性且健康的方向发展，增强了藏家对中国艺术品市场未来发展的信心。

表3-4　2019年春季大拍国内艺术品拍卖公司成交额排名

排名	拍卖公司	专场数量	上拍数量	成交数量	成交额（亿元）
1	香港苏富比	20	4804	4319	32.31
2	北京保利	34	5552	3782	28.18
3	佳士得香港	17	3680	3009	22.04
4	中国嘉德	37	6590	5218	18.37
5	西泠印社	27	4963	4294	10.04
6	保利香港	13	1872	836	7.20
7	中贸圣佳	13	2902	2000	5.95
8	北京荣宝	18	1705	1353	4.78
9	华艺国际	8	277	173	4.45
10	北京匡时	14	1715	1243	3.93

数据来源：《中国艺术品拍卖市场调查报告（2019上半年）》

艺术品拍卖企业，特别是大型拍卖企业，创造了较高的税收贡献，并带动了产业链发展。2018年，全国文物拍卖企业共纳税6.79亿元。在各

---

[1] 参见雅昌艺术市场监测中心、Artprice：《2019年度艺术市场报告》。

类税种中，企业增值税为 0.77 亿元，与 2017 年持平，其中文物艺术品拍卖业务所缴增值税额为 0.53 亿元；企业所得税额为 1.64 亿元，包括代扣代缴所得税、附加税、关税等在内的其他各类税种共计 4.38 亿元。这个仅有 3637 名从业者（专门从事文物艺术品拍卖相关工作的人员）的微型行业，人均创税额高达 18.67 万元。[1]

按文物艺术品拍卖业务增值税额排名，前 20 位企业税额共计 0.47 亿元，占行业整体的 88.68%；按企业所得税排名（仅限以文物艺术品为主要业务的企业），前 20 位企业税额共计 1.21 亿元，占行业整体的 73.78%；按纳税总额排名，前 20 位企业税额共计 5.67 亿元，占行业整体的 83.51%。[2]

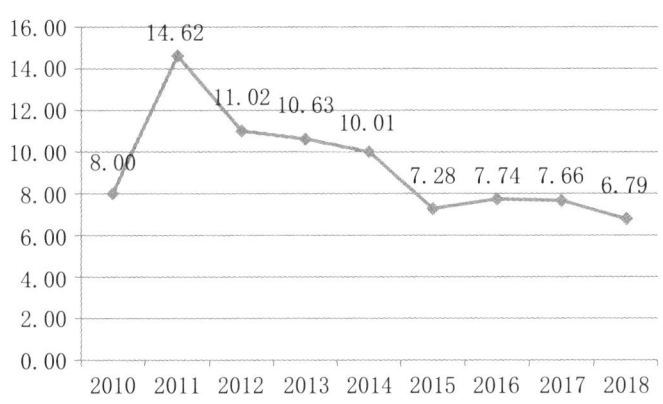

数据来源：《2018 中国文物艺术品拍卖市场统计年报》

图 3-6　2010~2018 年全国文物拍卖企业创税总额（单位：亿元）

一直以来，文物艺术品拍卖业为我国印刷出版业、会展业、旅游饭店业、邮递业、银行业、保险业、广告传媒业、教育培训业等相关行业带来了较大的经济效应。统计显示，2018 年度全国文物拍卖企业对广告宣传、出版印刷、会展、邮递、保险、差旅等相关产业的支出达 6.04 亿元，占行

---

[1] 参见中国拍卖行业协会：《2018 中国文物艺术品拍卖市场统计年报》。
[2] 参见中国拍卖行业协会：《2018 中国文物艺术品拍卖市场统计年报》。

业主营业务收入的 24.83%，占行业主营业务成本的 37.61%。[1]随着我国文物艺术品拍卖产业化、专业化、市场化和学术化的不断推进，拍卖产业链相关资源的有效整合将是未来发展的必由之路，与此同时，文物艺术品拍卖业也将在整个艺术品产业链以及我国经济发展中起着越来越重要的作用。

表 3-5　2018 年全国文物拍卖企业产业链贡献明细表

支出项目	支出金额（亿元）
宣传广告支出	0.70
印刷出版支出	1.47
酒店会展支出	2.18
运输邮递支出	0.64
保险支出	0.10
差旅支出	0.95
合计	6.04

数据来源：《2018 中国文物艺术品拍卖市场统计年报》。

我国艺术品拍卖业主要集中在京津地区、长三角地区和珠三角地区。截至 2018 年年底，京津地区共有文物拍卖企业 256 家，2018 年度共上拍拍品 226 963 件（套）、成交 105 227 件（套），成交额 162.02 亿元，成交量和成交额分别占全国市场的 41.62% 和 65.85%。作为中国文物艺术品拍卖重镇，北京地区本年度成交额 160.62 亿元，占全国市场总额的 65.28%，同比下滑 2.60%。此外，北京地区高价作品数量也最多，1000 万元以上的成交作品高达 175 件（套），占比 84.95%。截至 2018 年年底，长三角地区共有文物拍卖企业 124 家，2018 年度共上拍 204 288 件（套），成交 112 743 件（套），成交额为 53.46 亿元，成交量和成交额分别占市场总额的 44.60% 和 21.73%。上海地区作为长三角文物艺术品市场的核心区域，

---

[1]　参见中国拍卖行业协会：《2018 中国文物艺术品拍卖市场统计年报》。

成交额达21.60亿元，占全国市场的8.78%的份额，同比下降1.86%。截至2018年年底，珠三角地区（广东）共有文物拍卖企业32家，2018年度共上拍26 691件，成交13 605件（套），成交额为22.66亿元，成交量和成交额分别占市场总额的5.38%和9.21%。而国内其他地区的文物拍卖企业共134家，2018年度共上拍57 637件（套），成交21 228件（套），成交额为7.91亿元，成交量和成交额分别占市场总额的8.40%和3.21%。[1]

其中最值得关注的是珠三角地区，自2014年下半年以来，该地区拍卖成绩便步入上升通道，自2018年起崛起之势尤为强劲，成交状况良好，不乏高价精品。据专家预测，在不出现经济环境或政策大变化的前提下，珠三角地区艺术品拍卖行业的影响力将直逼长三角地区，成为继京津地区、香港地区后的我国第三大拍卖交易中心。

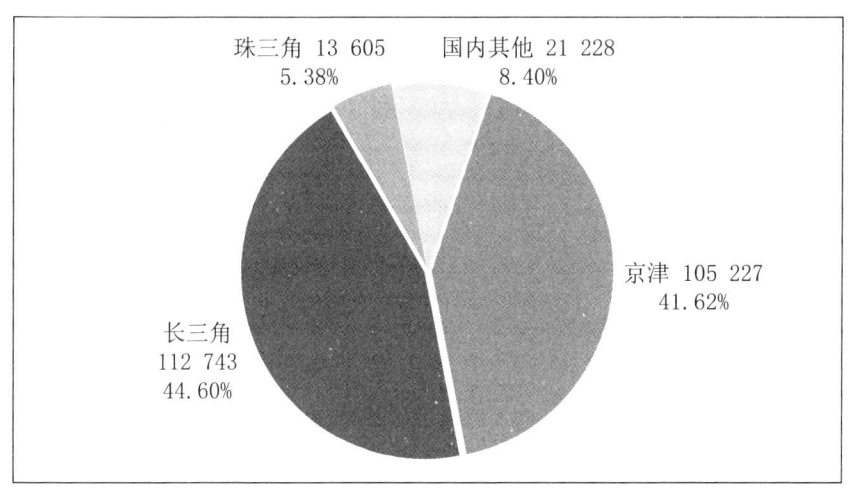

数据来源：《2018中国文物艺术品拍卖市场统计年报》

图3-7　2018年各地区艺术品拍卖成交量份额图（单位：件/套）

---

[1] 参见中国拍卖行业协会：《2018中国文物艺术品拍卖市场统计年报》。

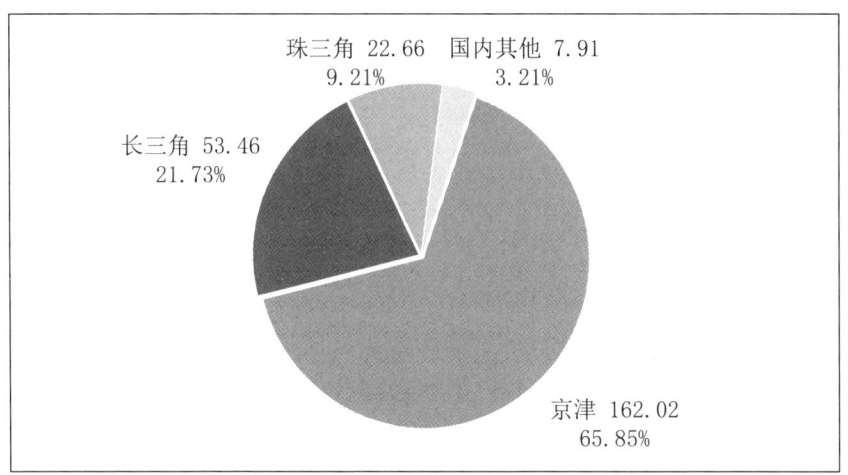

数据来源:《2018中国文物艺术品拍卖市场统计年报》

图3-8 2018年各地区艺术品拍卖成交额份额图（单位：亿元）

从全国文物艺术品拍卖企业的竞争格局来看，品牌集中度也很高。按截至2019年5月15日的实收拍品款计算，排名前50名的企业2018年度的实收拍品款合计121.60亿元，占整个市场93.09%的份额。其中，排名前5名企业实收拍品款81.25亿元，所占市场份额为62.20%；排名6～20位的企业实收拍品款28.55亿元，所占市场份额为21.86%；排名21～50位的企业实收拍品款11.80亿元，所占市场份额为9.03%；而其他企业实收拍品款为9.03亿元，所占市场份额仅为6.91%。[1]

---

[1] 参见中国拍卖行业协会:《2018中国文物艺术品拍卖市场统计年报》。

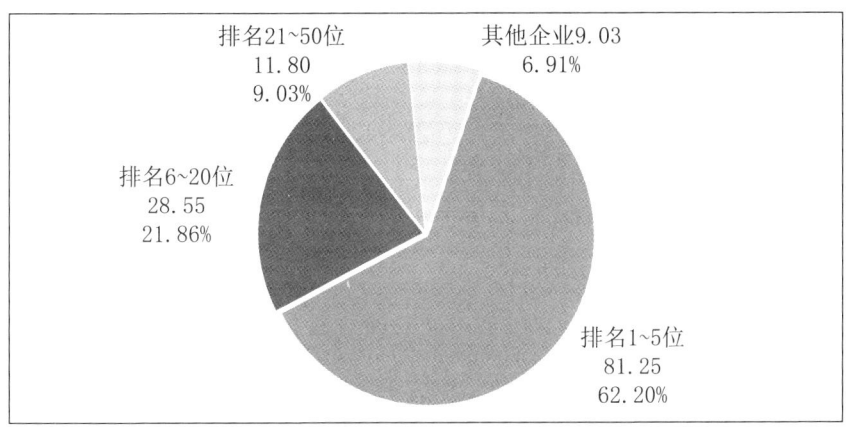

数据来源：《2018中国文物艺术品拍卖市场统计年报》

图3-9　2018年市场竞争份额图（单位：亿元）

从艺术品市场成交品类来看，热点仍主要集中在中国书画类作品。即使2018年中国书画拍卖缩水超过1/3，但市场份额仍维持在54.64%，远高于市场份额排名第二的瓷玉杂项的24.56%。[1]

产业集聚趋势和较高的市场集中度，有利于资源的优化配置和集团竞争力的形成，对产业的发展来说是有利的。

三、艺术品会展业运行情况

1993年，第一届中国艺术博览会在广州成功举办，拉开了我国艺术品会展行业发展的帷幕。不过早期的艺博会参与主体较为混杂，画廊、艺术家、工艺品经营者等均可参与。直到2004年，在北京举办的首届中国国际画廊博览会，率先提出以画廊、艺术品经纪人为参展单位的行业规范，表达了我国艺术品会展行业向国际标准看齐的决心。但是当时的市场反馈并不理想，这也从侧面体现出我国艺术品经营业面临着独特的发展环境。在西方，艺博会与画廊业的发展几乎是同步的，画廊是艺博会的绝对主角，因为这些地区画廊行业发达，艺术品交易机制完善，反观我国艺术品经营行业的发展，经常因为"一二级市场倒挂"而被诟病，先天不足的画廊业

---

[1] 参见中国拍卖行业协会：《2018中国文物艺术品拍卖市场统计年报》。

在艺术品市场中一直处于弱势地位，因此在这样的行业背景下想要发展艺术品会展业困难重重。

但我国艺术品会展业也从未放弃努力，随着中国艺术品市场的蓬勃发展，中国艺术品经营业参与主体都有了一定的发展，尤其是艺术品拍卖行业，艺术品投资与消费开始逐渐进入大众视野，这为艺博会的发展奠定了良好的受众基础。

经过近30年的发展，我国艺术品会展行业在先天环境不利的情况下，呈现出了蓬勃发展的势头，举办数量及地区都在不断增加，除了北京、上海、广州、深圳和香港等大型城市以外，成都、厦门、南京等二三线城市也开始举办不同层次和规模的艺博会，还涌现了一批有国际影响力的大型艺博会，如"艺术北京"博览会、香港巴塞尔博览会、上海艺术博览会、上海廿一当代艺术博览会、台北艺博会、广州国际艺术博览会、"艺术成都"博览会等。

据公开资料显示，我国2019年举办的艺术博览会中，第14届"艺术北京"艺术博览会约有190个参展机构，分别来自20个国家和地区，观展人数突破12万，80%的参展商有成交，最高单价成交为500万元；第7届巴塞尔艺术展香港展会观展人数多达8.8万，打破了2018年12月巴塞尔迈阿密展会创下的参展人数记录，且据不完全统计，排名前10的画廊成交额超过了4000万美元；才举办第二届的"艺术成都"博览会观展人数也达到了5.8万，相比首届增长了45%。这都反映出公众对艺术品市场的关注在不断增长，也体现了艺术品会展行业蓬勃的发展态势。

但目前我国艺术品会展行业整体发展水平还是远低于国际行业水准的，除了上述的一些标准相对较高的艺博会之外，市场上仍充斥着大量低端化的艺术品展会，无论是参展机构还是参展作品都鱼龙混杂，艺术品位不高。而且参展的机构虽来自不同的国家或地区，但我国艺博会本身的地理区域属性比较明显，品牌的树立也不可避免地会打上区域性的烙印，这对于带动当地的文化产业以及经济发展十分有利，但也在一定程度上造成我国艺博会同质化严重从而无法整合在一起形成合力，从而不能在国际市场上获得更大竞争优势的被动局面。

艺博会是艺术品经营体系的重要组成部分,在对艺术市场未来发展起着重要的导向作用同时,也不可避免地受到艺术品市场当下发展状况的影响。在我国艺术品经营业中拍卖行占据着明显的优势地位,因此,拍卖行入驻艺博会也是我国艺博会的独特之处,虽然这一做法并不符合艺博会的国际惯例,但这样的特性与我国艺术品市场当下的情况是相吻合的。拍卖行的参与不仅可以提高艺博会在作品以及展示风格方面的整体水平,也给画廊提供了经营思路以及发展方向的借鉴,最重要的是它们可以为所有参展的机构吸引来大量的高端藏家。拍卖行的参与拓展了艺术品会展业的发展思路,观念上的突破也许是我国会展业破除当前困境的关键。

四、艺术品金融业运行情况

与国外艺术品金融业的发展相比,我国艺术品金融业起步较晚但增速惊人。艺术品基金是我国最早出现的艺术品金融化产品,常见的是有限合伙型和信托型两种类型。有限合伙型都是投资型基金,信托基金则分为融资型和投资型。信托基金通过信托公司发行,不仅有专人进行筛选与管理,还有艺术品专家做投资顾问,还能通过商业银行的渠道发行,是国内艺术品基金的主流形式。

国内最早的艺术品金融化现象可以追溯到2005年中国国际画廊博览会,一家来自西安的名为"蓝玛克"的私募艺术基金购买了当代画家刘小东的作品《新十八罗汉像》。而国内第一支由金融机构发行的艺术基金是2007年中国民生银行发行的"非凡资产管理——艺术品投资计划1号"。随后,在2009年,上海泰瑞艺术基金以有限合伙的形式成立了"红珊瑚一期"艺术品私募基金,第一年收益率就高达31%,至今仍是我国收益率最高的艺术品基金。此外,中国建设银行、国投信托有限公司以及保利文化艺术有限公司还共同发行了"国投信托·盛世宝藏1号保利艺术品投资集合资金信托计划"。2010年一直被业内看作是"中国艺术品基金元年",受到中国艺术品市场繁荣景象的影响,众多金融机构纷纷进军艺术品基金领域,到2011年时,国内艺术品基金已多达45家,规模高达55亿元。

但是自2012年开始，中国艺术品市场突然失去了之前强劲的发展势头，进入恢复性回调期，开始趋于理性发展。受此影响，我国的艺术品信托市场也出现了较大幅度下滑。2012年共有12家信托公司参与发行了34款艺术品信托产品，发行规模为33.46亿元，相比2011年，参与的信托公司减少了6家，所发行的产品数量减少了10款，降幅为22.73%，发行规模相较2011年的55.31亿元降幅达39.5%。2012年发行的艺术品信托产品平均期限为1.9年，较2011年的2.19年缩短0.29年，发行的34款艺术品信托平均收益率为9.89%，与2011年的9.87%基本持平。从投资标的来看，2012年发行的34款产品的投资标的包括书画艺术品、版画、和田玉、翡翠、犀角、象牙雕刻等艺术品，其中以书画类艺术品居多。

表3-6　2011~2012年艺术品信托发行情况

项目	2011年	2012年	增幅
参与机构数量	18	12	-33.33%
发行数量	44	34	-22.73%
发行规模（万元）	553 075.5	334 634	-39.50%
平均期限（年）	2.19	1.9	-13.24%
平均收益率（%）	9.87	9.89	0.20%

数据来源：用益信托工作室

表3-7　2011~2012年艺术品信托成立情况

项目	2011年	2012年	增幅
参与机构数量	16	13	-18.75%
成立数量	40	32	-20.00%
成立规模（万元）	457 516.64	256 594	-43.92%
平均期限（年）	2.16	1.86	-13.89%
平均收益率（%）	9.76	10.05	2.97%

数据来源：用益信托工作室

我国的艺术品信托产品在2013出现兑付高峰,据用益信托工作室不完全统计,有17家信托公司的40款产品于2013年到期,涉及资金规模为38.52亿元。而艺术品市场行情走低导致大批2~3年的艺术品基金到期时出现兑付困难的情况,直接影响了艺术品信托的发行量,下降趋势十分明显。2014年推出了11款艺术品信托产品,发行规模7.95亿元;2015年仅推出了5款产品,发行规模也仅有1.38亿元。原本风光无限的艺术品基金逐渐淡出了公众的视野。[1]

表3-8 2014~2015年全国艺术品信托发行情况

项目	2015年	2014年	增减幅度
产品数量	5	11	-54.55%
发行规模(亿元)	1.38	7.95	-82.64%

数据来源:《中国文化产业市场发展报告2018》

2014年中国证券监督管理委员会审议通过了《私募投资基金监督管理暂行办法》,艺术品基金开始朝着私募基金的方向发展,据统计,2016年至2017年间共有17只艺术品私募基金申请了备案。

目前国内艺术品信托的运行模式,仍明显表现出短线投机的倾向。信托公司为了迎合投资者流动性需求,在产品设计上多为中短期产品,而且以往的中长期产品收益优势并不明显,有的甚至出现期限与收益倒挂的现象,因此中长期产品在市场上并不受欢迎。据用益信托工作室的统计,2011年发行的艺术品信托产品平均期限为2.19年,2012年则降至1.9年。这种追求短期回报的投机行为会给艺术品市场带来很多不确定因素,加大市场波动幅度,不利于我国艺术品经营业的长期稳定发展。

---

[1] 参见李季主编:《中国文化产业市场发展报告2018》,中国建筑工业出版社2018年版。

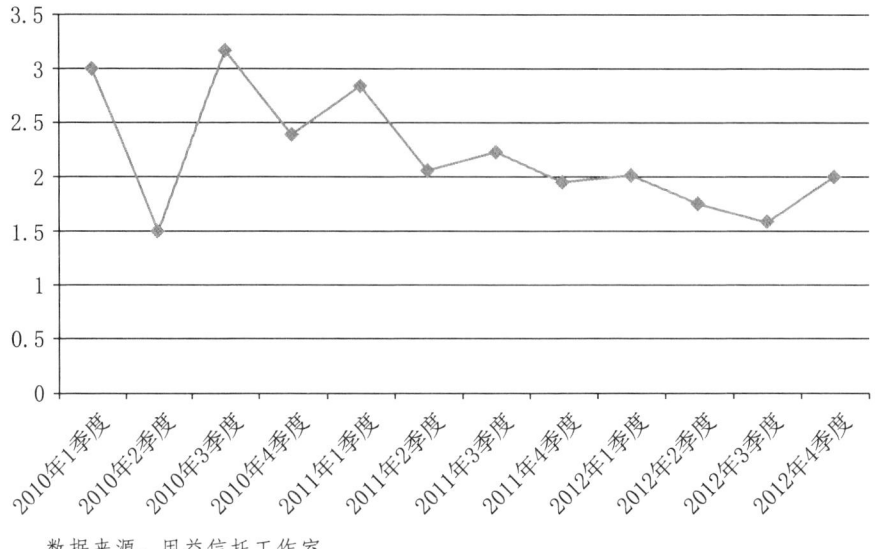

数据来源：用益信托工作室

图 3-10　2010~2012 年艺术品信托产品平均期限趋势图（单位：年）

国内首先开展艺术品质押融资服务的金融机构是潍坊银行，该银行于 2009 年推出艺术品质押融资业务并放出首批以李苦禅、于希宁等国画大师的作品进行质押的 262 万元贷款。

除了传统形式的艺术金融产品之外，我国一直在艺术品金融领域进行新的探索。为了践行对"艺术品证券化交易"的探索，自 2009 年起，在全国各地挂牌成立了多家文化产权交易所，简称文交所。2010 年 3 月，中央宣传部、中国人民银行、财政部、文化部等联合发布了《关于金融支持文化产业振兴和发展繁荣的指导意见》，鼓励金融行业加大对文化产业发展的支撑，积极开发文化产业金融产品，扩大文化产业直接融资规模，确定了文化产权交易所的产业地位和法律地位，开始尝试文化产权交易。自此，各大文交所相继尝试推行艺术品份额化交易模式：2010 年，深圳文交所将 94 幅齐白石和张大千的画作打包成资产组后再拆分进行定向发售，之后又将杨培江的 12 幅作品打包成"深圳文化产权交易所 1 号艺术品资产包——杨培江美术作品"资产包，面向一级市场发行，份额 1000 份，总价值达 200 万元；同年，上海文交所发行了"艺术品产权组合 1 号——黄钢艺术品"，仅面向会员发售；2011年，天津文交所发行了"黄河咆哮"和"燕塞秋"两个艺术品份额化产品，一经上市，价格就涨势惊人，为了控制风险，天津文交所多次修改交易规则；之后，成都文交所以及郑州文交所也相继推出了自己的艺术品份额化产品，并吸取天津文交所的经验，对交易规则进行了改进。

在各大文交所的推动下，艺术品份额化交易在我国迅速获得了大量关注，成为我国在艺术品金融产品方面的创新之举。但这一新兴领域没有国外的经验可以参考，同时缺乏相应的约束性法律法规，出现了很多违背市场规律及交易原则的不当做法，存在巨大的投资风险。为了整顿艺术品份额化交易价格暴涨暴跌、规则随意修改等市场乱象，文化部、国务院于2011年相继下发《关于加强艺术品市场管理工作的通知》《关于清理整顿各类交易场所切实防范金融风险的决定》，明令禁止将艺术品权益拆分为等份额公开发售的行为，艺术品份额化这一创新模式被叫停。但文交所仍在积极探索新的艺术品金融化模式，如艺术品"收益权"交易等。

据统计，2014~2016年，在中国艺术品市场处于恢复性调整期的时候，中国艺术品金融业并没有受到这一趋势的影响，而是表现出强劲的发展活力，总规模从2014年的128亿元快速增长到2015年的553.10亿元，甚至在2016年以986亿元创下了历史新高。2017~2018年，这一市场的发展才出现恢复性的回落，分别为586亿元、560亿元。[1]这一回落在一定程度上反映出我国艺术品金融市场存在一定量的泡沫。其中资产平台市场表现最佳，占据了艺术品金融市场的绝大部分比重，艺术金融证券市场以及基金市场两个板块相较其他市场比重也较大。

在我国艺术品金融业的发展过程中，艺术品平台化交易与互联网金融业务发展最为迅猛，在艺术品金融产品创新方面也发挥着越来越重要的作用，但与此同时，传统金融业的参与度却在不断降低。2014年，中国传统金融体系参与艺术金融的规模占中国艺术金融总规模之比是80%以上；而

---

[1] 参见西沐主笔：《中国艺术品市场年度研究报告2018-2019》，中国经济出版社2019年版。

到了 2015 年，这个规模之比降至 40% 左右；2016 年，这一规模之比更是下降到了不足 25% 的程度；2017 年、2018 年的状况也基本维持在 15%~20%，传统金融机构在艺术品金融化过程中被边缘化的趋势非常明显。缺乏传统金融体系的引导，我国艺术品金融产品的创新容易误入歧途，从而带来巨大的投资风险，最终会动摇投资者对这一领域的信心。

近年来，国家及地方对艺术品金融国际化进程越来越重视，再加上"一带一路"倡议的提出，这都为我国艺术品金融行业的发展与创新创造了十分有利的外部环境。

五、非营利艺术机构运行情况

除了国有博物馆或美术馆，我国官方认可的民营非营利艺术机构都需要在民政部门进行注册。在民政部门申办的非营利机构主要分为三类：社会团体、民办非企业单位和基金会。而民办非营利艺术机构无论命名为博物馆、美术馆、艺术馆还是艺术中心，都需要向民政部门申请注册成为民办非企业。近年来，随着我国经济文化水平不断提升，文化需求不断升温，非营利艺术机构呈井喷式增长，发展势头尤为强劲。据中国社会组织公共服务平台的统计数据显示，截至 2020 年 9 月 30 日，中国地区成功申请到"民办非企业单位"的博物馆有 2243 家，美术馆 905 家，艺术馆 819 家，艺术中心 1259 家。

1929 年中国仅有 10 家博物馆，1949 年新中国成立之初也仅有 21 家博物馆，直到 1957 年第一个五年计划结束时全国博物馆总数才达到 72 家。改革开放后，我国的博物馆建设可谓真正步入快车道。据文物局系统统计，1978 年全国共有博物馆 349 家，随后逐年攀升且一直保持着较高增速。截至 2019 年年底，全国已备案博物馆 5535 家，较 2018 年增加 181 家。从总量上讲，我国已经是一个博物馆大国。"十三五"以来，我国平均每 2 天新增一家博物馆，达到 25 万人拥有一家博物馆。

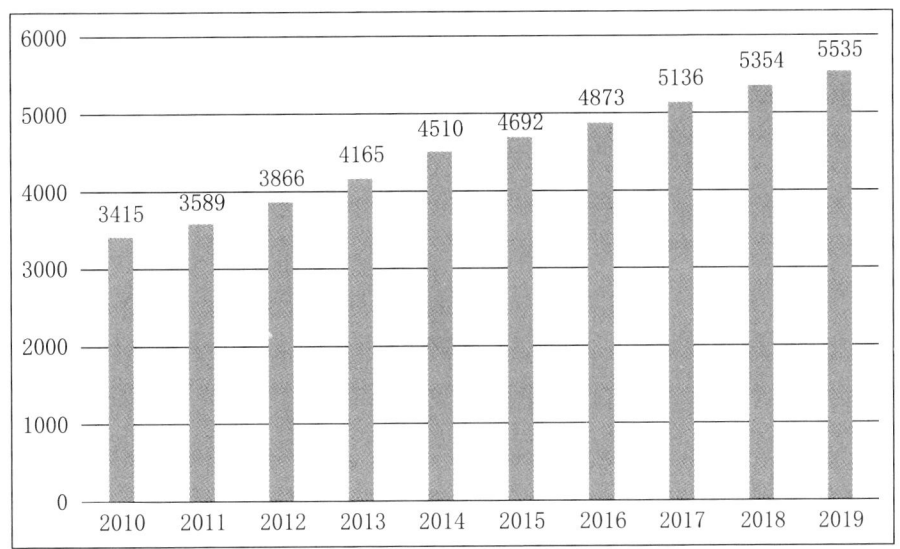

数据来源：中国文物局，前瞻产业研究院整理

图3-11　2010~2019年中国博物馆数量变化趋势（单位：家）

2015年颁布的《博物馆条例》明确指出，博物馆可以从事除文物等藏品之外的其他商业经营活动，鼓励博物馆充分利用自身文化资源，与文创、旅游业相结合。这样一来，博物馆既可以利用多种渠道筹集运营及发展的费用，还可以通过与其他产业的融合来提高民众对博物馆的关注度。2016年国家文物局、国家发展和改革委员会等多个部门联合发布了《"互联网+中华文明"三年行动计划》，鼓励博物馆行业积极探索网络媒介在中华优秀传统文化传播中的作用。

故宫博物院已将其186万件藏品信息在互联网上公布，并且以故宫官方网站为入口，链接故宫淘宝、故宫游戏、故宫社区等一系列多媒体群落。2016年以来，故宫先后与阿里、腾讯、凤凰网等建立合作伙伴关系。一方面在天猫开设了官方旗舰店，主要有门票、文创、出版三个板块；另一方面和腾讯游戏推出基于故宫文化的大型游戏，从2017年下半年开始，双方合作更是涉及动漫和文学的创作，包括微电影的创作；另外，还和凤凰网合作，利用AR、MR、3D等手段传播故宫文化。故宫前院长单霁翔表示,故宫博物院 2017 年文创产品收入已突破 15 亿元。随后,各地博物馆也开始积极探索自身文化资源的新用途,除了文创产品的开发外,还会举办像音乐会、鉴赏会之类的文化集会活动,这些运营方面的创新帮助我国的博物馆业朝着更开放、更多元的方向不断发展。

国有博物馆与非国有博物馆(或称民营博物馆)并存发展是我国博物馆业发展的特点。我国出现最早的博物馆是晚清时期由外国人开办的私人博物馆,1949 年后,受到文物流通限令的影响,民间收藏市场低迷,民营博物馆也随之衰落。直到 1982 年颁布的《中华人民共和国文物保护法》(现已修正)允许民间文物流通之后,民间收藏市场才逐渐回暖。之后很长一段时间内,民营博物馆虽蓬勃发展,但并没有得到法律的正式认可。由于缺乏相应的法律法规,很多民营博物馆并没有按照规定进行注册登记,管理以及运营方面存在很多问题。直到 2015 年 2 月国务院颁布了《博物馆条例》,民营博物馆的合法地位才首次得到确立。根据国家文物局发布的统计数据显示,2019 年,文物部门所属国有博物馆 3825 家,占全国博物馆总数的 69.11%;非国有博物馆 1710 家,占全国博物馆总数的 30.89%。

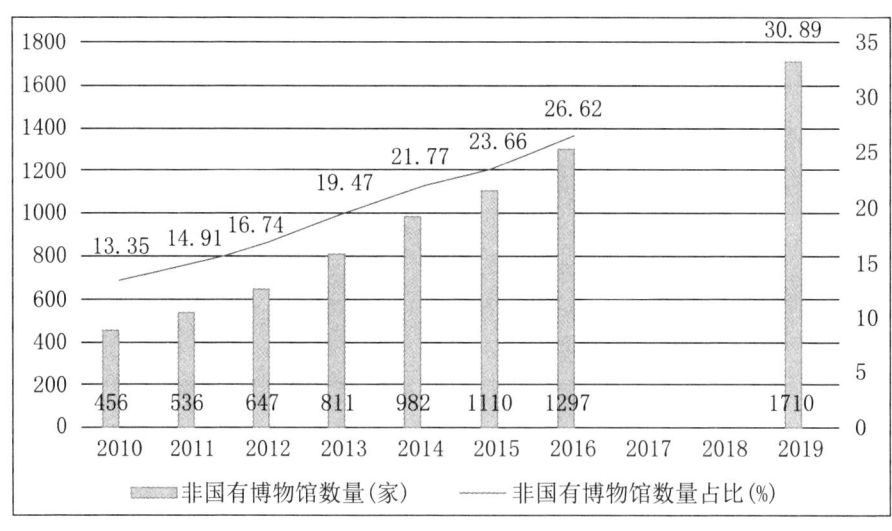

数据来源:中国文物局,前瞻产业研究院整理

图 3-12　2010~2019 年非国有博物馆数量及占比变化趋势

目前，资金筹集仍是我国民营博物馆发展的一个重大阻碍，不同于国有博物馆有国家大力度的财政支持，民营博物馆主要还是靠自身筹集资金来维持运营。面对这一困境，已经有一些民营博物馆正在积极拓展管理及运营思路，探索艺术品保管、艺术品展出及艺术品融资担保等多种经营模式，或者通过合作、授权或独立开发等方式进行文创产品的开发，以多种渠道来筹集资金，在保证运营的基础上，不断扩大自身影响力，谋取更长远的发展。

我国首家公立美术馆是建于1930年的天津市立美术馆，中国现代公立美术馆的发展由此拉开序幕。随后，在1936年，南京建立了我国第一家国家美术馆——国立美术陈列馆。新中国成立后，江苏省美术陈列馆和上海美术展览馆相继成立。1958年，中国美术馆在北京建立，这是我国美术馆发展史上的重要里程碑。

20世纪80年代中期以后，我国掀起了一阵建立公立美术馆的热潮，许多省市的政府甚至还有一些私营企业都开始注重文化领域的建设，相继成立了许多地方性美术馆。尤其是在2011年文化部、财政部下发《关于推进全国美术馆、公共图书馆、文化馆（站）免费开放工作的意见》后，我国美术馆事业进入蓬勃发展的阶段。经过几十年的发展，美术馆的功能也日渐丰富，除了美术作品的典藏、保存、展示、研究等常规功能外，还积极拓展、创新面向大众的公共教育服务，担起了大众审美教育的重任。

近年来，各地纷纷新建美术馆来作为当地的文化地标，进一步助推了美术馆的发展。2019年全国有美术馆559家，同比增加31家，从业人员5016人，同比增加272人。2019年全国共举办展览7268次，同比增长3.5%，参观人次4136万人次，同比增长11.2%。

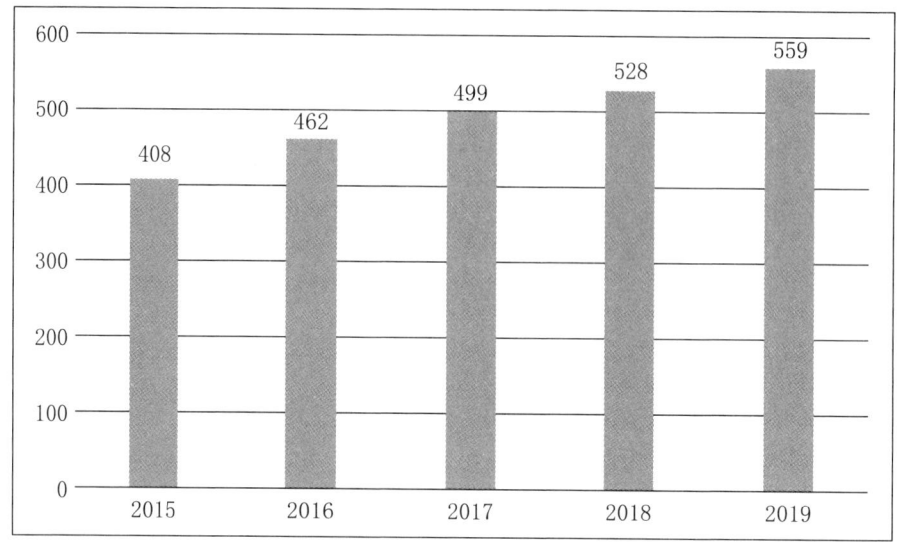

数据来源：中国文化与旅游部，智研咨询整理

图3-13　2015~2019年中国美术馆数量变化情况（单位：家）

2020年年初由于新冠肺炎疫情的影响，美术馆线下展览等活动无法开展，"线上美术馆"应运而生。数字美术馆不仅是传统美术馆功能的延伸和补充，也是对传统模式的变革，虽然尚在起步阶段，但是其在公共教育方面的发展潜力不可估量。

20世纪90年代中后期，中国艺术品市场蓬勃发展，民间收藏群体不断壮大，藏家希望能通过建立美术馆的方式向公众展示自己的收藏，私人美术馆开始出现。虽然我国私人美术馆发展比西方滞后近40年，但其发展速度很快。

在民政局允许民营美术馆申请民办非企业单位之前，大多数私人美术馆都是以企业或文化公司等方式进行注册的。今日美术馆是我国首家成功注册为民办非企业单位的私人美术馆。据悉，在筹备美术馆前，今日美术馆曾以"今典空间文化艺术发展有限公司"注册。几年后，前馆长张子康向政府相关部门提出建议，民政局才在2006年开放了民营美术馆申请民办非企业的先例。2010年以后，中国私人美术馆迎来了发展的"黄金时代"。

如今，中国私人美术馆的发展已颇具规模，对中国乃至全球的艺术市场及我国当代艺术的发展产生了显著的影响。据中国社会组织公共服务平台统计的数据显示，截至2020年9月30日，中国地区以"美术馆"为名成功申请到民办非企业单位的机构共有914家。

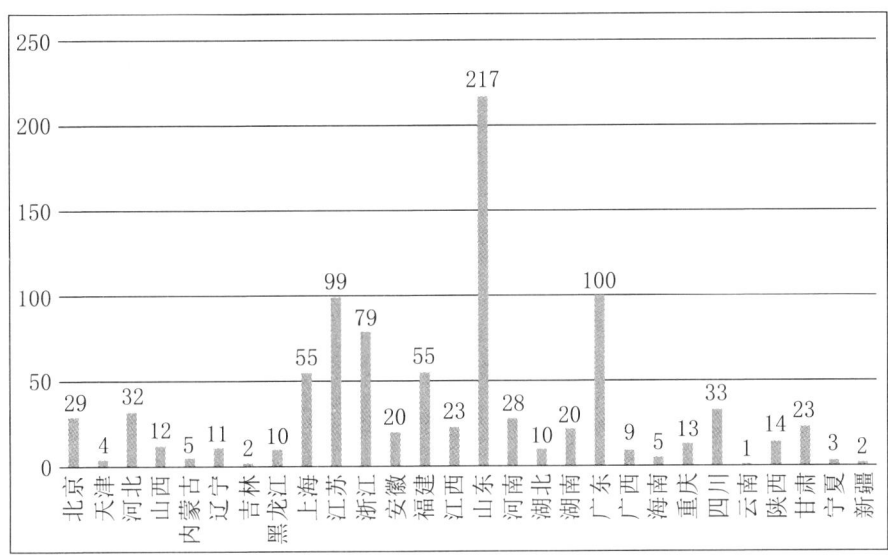

数据来源：中国社会组织公共服务平台，统计时间截至2020年9月30日

图3-14 全国以"美术馆"为名申请到"民办非企业单位"的数量（单位：家）

据雅昌艺术市场监测中心统计的数据显示，截止到2019年11月30日，中国地区以当代艺术为定位的私人美术馆约为68家，这些美术馆主要分布在经济环境较好、艺术氛围较浓厚的一线、二线城市。仅北京、上海、广州三地的当代私人美术馆数量就占到了总量的72%，这几个地区繁荣的经济与蓬勃发展的艺术市场是私人美术馆发展的天然优势。其中，上海地区的私人美术馆发展尤为突出，数量占全国当代私人美术馆总量的34%，位居第一。[1]上海强大的经济实力与开放的文化环境，吸引了大量的艺术家、收藏家、画廊、艺术机构与艺博会的不断进驻，在2000年之

---

[1] 参见雅昌艺术市场监测中心：《数说中国私人美术馆的运营之道》。

后形成了与北京并行的文化积聚现象，构成了相对完成的文化环境。加之上海国际化的环境，充满了创造力与可能性。近几年，在民间文化机构增多、企业的资金支持、政府对于文化产业的建设与扶持（如徐汇区的"西岸文化走廊"）等综合因素的推动下，上海地区的私人美术馆成批出现并迅速壮大，其数量与质量在全国遥遥领先，如龙美术馆、余德耀美术馆等。这批私人美术馆通过其专业化的定位、学术化的展览、丰富的公共教育活动与广大公众不断产生互动。在公众眼中，私人美术馆已成为上海城市生活体验和文化艺术交流的新阵地。

目前，我国民营美术馆定位日渐清晰，运营模式趋于成熟。今日美术馆持续打造中国当代艺术学术品牌，武汉的合美术馆、成都知美术馆则致力于为当地大众提供最新的当代艺术。而且民营美术馆都十分注重国际合作。上海余德耀美术馆、上海西岸集团、上海陆家嘴集团、浦东美术馆、北京798文化创意产业投资股份有限公司、深圳罗丹艺术中心纷纷与海外重要艺术机构签订长期持续合作协议，他们的合作项目将在未来数年内，为中国观众提供诸多西方重要的艺术展览。

我国的基金会兴起于1981年，在之后的很长一段时间内一直没有关于基金会运作管理的相关法规。直到1988年，《基金会管理办法》出台，确立了三重监管制度，严格限制基金会发展。1996年，中共中央办公厅、国务院办公厅联合下发《关于加强社会团体和民办非企业单位管理工作的通知》，开始对基金会进行清理、整顿，基金会发展处于停顿状态。2004年3月，国务院颁布了《基金会管理条例》，取代了之前的《基金会管理办法》，该条例标志着基金会发展进入新阶段，采取了更开放包容的态度对待基金会的管理，首次界定了非公募基金会的概念并鼓励其登记注册，并且允许境外基金会在中国内地设立代表机构。此后，我国基金会在探索中快速发展，数量与形态都不断增多，据中国社会组织公共服务平台数据显示，截止到2019年12月31日，我国与艺术相关的基金会共有125个。虽取得了一定进展，但与美国艺术基金会的发展相比，我国的基金会仍处于非常不成熟的阶段，当前的艺术基金会规模普遍不大，在艺术资助上能力有限，我国的许多艺术机构和艺术活动仍然严重依赖于政府财政拨款。而且缺乏相关的优待政策推动艺术基金会的发展，我国艺术基金会的未来发展仍面临着巨大的挑战。

六、线上艺术品经营运行情况

20 世纪 90 年代中后期，艺术品经营业就开始尝试搭乘互联网发展的快车，不过这一阶段的融合模式相对比较保守，主要是将传统经营模式照搬到线上，网上画廊开始出现，并且相继涌现了一批以嘉德在线为标杆的早期艺术品在线交易平台。而后，随着淘宝、国美等综合类电商平台进军艺术品线上经营领域，助推了艺典中国等一批新的艺术品在线交易平台的兴起，这也意味着艺术品在线经营朝着综合化、平台化的方向不断发展。

近几年，受到全球经济大环境的影响，艺术品经营业规模持续下降，突然爆发的新冠肺炎疫情更是加剧了这一趋势，但线上艺术品经营的发展却逆流而上，不仅交易额逐年上涨，新模式也不断涌现，成为艺术品经营业发展的新亮点。

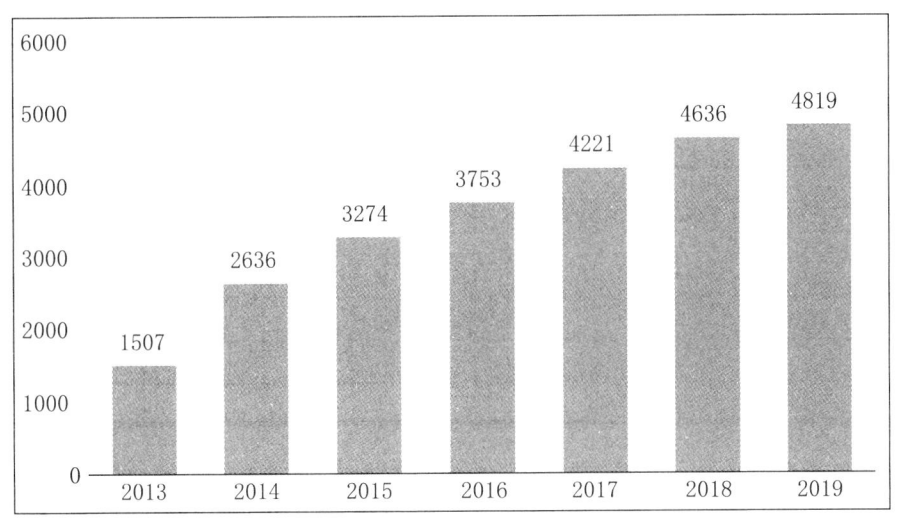

数据来源：《2020 希斯科线上艺术品交易报告》

图 3-15　2013~2019 年全球艺术品线上销售额（单位：百万美元）

近几年，艺术品经营业与互联网技术进一步融合，直播、小程序等新兴营销方式的火热助推了艺术品经营模式的创新，P2P、O2O、微拍等新兴交易模式相继涌现，变革了整个艺术品经营业的生态链。当前的艺术品在线交易平台在基本的交易功能之外，越来越注重发展自身的社交功能，利用"社群"将有相同爱好的用户聚集到一起，将"关注、分享、讨论、互动"等社交元素应用到艺术品经营中，不仅增加了用户对平台的黏性，还可以吸引到更多有相同兴趣的新用户，而且在分享交流的过程中，用户的审美也得到了提升，进而可能会产生新的艺术品消费需求。

2015年正式上线的艺术电商"微拍堂"就是借助微信社交生态，以"直播+社交+拍卖+鉴宝"的线上竞拍模式介入文玩艺术品交易，在一定程度上颠覆了艺术品经营的传统业态。目前，该平台累计用户已超过5000万，入驻商家超过30万。2019年度更是实现了430亿元的交易额，相较2018年同比增长79%，为2019传统拍卖行业成交榜首保利拍卖交易额的5倍。

艺术品在线交易的蓬勃发展一方面得益于这些年我国在线购物的井喷式发展，另一方面得益于藏家群体的变化。随着进入市场的藏家呈现出年轻化趋势，艺术品经营业与互联网的融合度也越来越高，艺术品线上交易这种模式的市场接受度也越来越高。据2020年度艺术市场报告调查显示，藏家购买艺术品渠道的选择偏好与其年龄有着较为密切的关联，"千禧一代"（出生于1981~1996年）是最经常在线上购买艺术品的一类藏家，在所有藏家中也是最偏好互联网渠道的。而且目前他们是全球艺术品市场上最活跃的收藏群体，全球49%的藏家都是"千禧一代"，近两年他们在艺术品或其他藏品上的平均花费达到了300万美元。这一调查结果并不令人意外，因为"千禧一代"本就成长于互联网飞速发展的时代，对互联网有着天然的亲近感，对传统的交易模式也并不依赖，线上交易接受度很高，他们是艺术品在线交易的主力用户，也是艺术品市场新的增长点，他们的喜好将会对艺术市场未来的发展产生重大的影响。

虽然目前线上艺术品成交价普遍低于线下成交的价格，但这也为艺术品市场吸引了更多新的客户，成为推动艺术消费大众化的一个重要动力。

据 2020 年度艺术市场报告显示，2019 年从事在线艺术品交易的画廊有 57% 的交易对象是新客户，与 2018 年同期相比增加了 5%。

据巴塞尔艺术展与瑞银集团环球艺术市场报告估算，2019 年全球在线艺术品交易总额达到了 59 亿美元，与 2018 年同期相比下降 2%，仅为全球艺术品市场总成交额的 9%。这说明，即使是在线上交易如此普遍的时代背景下，艺术品行业仍严重依赖于线下经营模式，线上艺术品交易模式虽有所发展，但并不被主流市场看好。

突如其来的新冠肺炎疫情让原本严重依赖于线下展示与交流的艺术品经营行业被迫按下了暂停键，原本属于线下模式的各种资源不断涌入线上，推动艺术品线上交易模式快速发展。据希斯科保险公司发布的《2020 希斯科线上艺术品交易报告》的数据显示，2020 年上半年（2020 年 1 月 1 日~6 月 28 日），佳士得、苏富比以及菲利普斯拍卖行的纯网络拍卖成交额达到了 3.7 亿美元，为 2019 年同期 5 倍。[1] 艺术行业普遍认为，也许这次疫情是艺术品与数字技术加速融合的最好契机，即便疫情结束，线上模式仍会在艺术品经营体系中占据着空前重要的地位。

第二节 艺术品输入与输出

随着我国对外开放的不断深入，文化贸易及文化交流受到的关注也日益增加，艺术品进出口是文化贸易和文化交流的重要组成部分。因此我国艺术品交易的国际化程度也取得了质的飞跃。发展迅速、潜力巨大的中国艺术品市场不断吸引着国际上的大型画廊进入中国，中国的一些画廊也开始走向国际市场；西方投资者在购买中国艺术品，中国藏家也在购买西方艺术大师的经典作品；苏富比、佳士得等海外拍卖公司相继进入中国，同时，中国一些大型拍卖公司，像嘉德、保利也纷纷在中国香港及国外艺术品市场发达的国家设立办事处。

---

[1] Hiscox UK：*Hiscox Online Art Trade Report 2020*.

由于我国规定1911年之前的艺术品不得出口，所以我国出口的艺术品主要以现当代绘画作品为主。随着中国当代艺术的崛起，我国的艺术品出口总额不断攀升，并于2008年达到阶段性高峰，为4.92亿美元。到2010年，艺术品进出口总额比1985年翻了50多倍，年增长率为23%。2010年到2013年间，我国艺术品出口额大幅提升。但自2014年开始我国在艺术品出口方面开始呈现出缓慢的跌势，2014年艺术品出口额为6.74亿美元，同比下降20.5%；2015年艺术品出口额为5.77亿美元，同比下降3.4%。2016年中国艺术品出口更是出现大幅下跌，快速跌落至2.15亿美元，跌幅超过50%，同比下降61.9%。这一下降趋势仍在继续，2017年我国艺术品出口额仅为1.28亿美元，同比下降40.4%。直到2018年，我国艺术品、收藏品及文物出口额才终于有所回升，同比增长126.3%；这一涨势在2019年不仅没有回落，反而增速惊人，涨幅高达384.6%，艺术品出口额骤增至7.43亿美元。

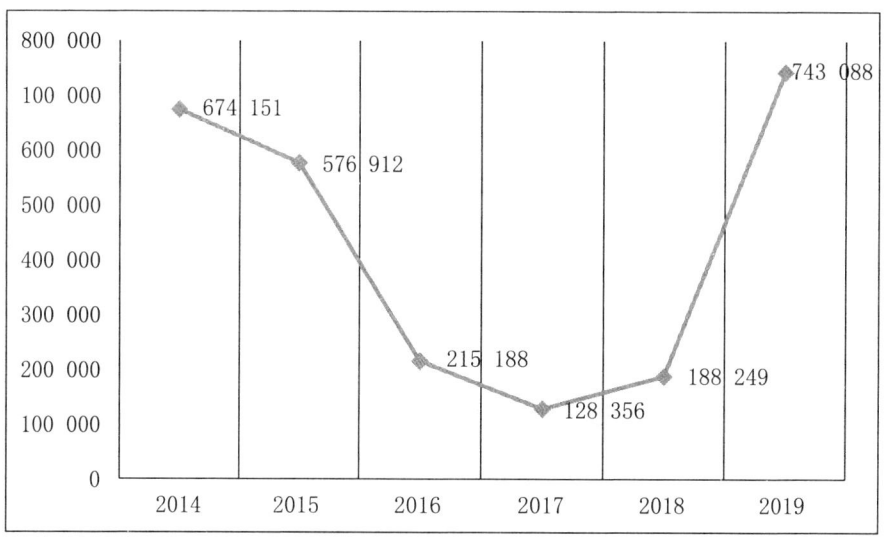

数据来源：中国海关总署官网

图3-16　2014~2019年中国艺术品、收藏品及古物出口额（单位：千美元）

据中国海关总署统计的数据表明，2019年，我国艺术品出口国家和地区前 10 位分别是中国香港、美国、欧盟、英国、中国台湾、加拿大、新加坡、德国、法国及韩国。

表 3-9　2019 年我国艺术品出口国家和地区 TOP10

排名	国家或地区	艺术品出口额（单位：千美元）
1	中国香港	468 105
2	美国	76 199
3	欧盟	44 193
4	英国	35 923
5	中国台湾	32 010
6	加拿大	13 842
7	新加坡	12 460
8	德国	12 286
9	法国	11 569
10	韩国	10 118

数据来源：中国海关总署官网

自进入 21 世纪以来，我国在艺术品进口方面的增长速度也很快。1985 年时，我国的艺术品进口额为 1600 万欧元，仅占全球总进口额的 0.4%，而美国和英国当年的艺术品进口额合计占全球艺术品和古董进口的 69%。到了 2010 年，我国艺术品进口额达到了 8.1 亿欧元，在全球总进口额中的占比也提升到了 5%，但英美两大市场仍占主导，其艺术品、古董进口总额占全球市场的 64%。相比之下，当时我国在艺术品进出口市场中仍处于边缘化的地位。但随着我国对外贸易的不断发展，我国艺术品进口额也有了大幅提高，尤其是 2013 年艺术品进口额增幅高达 68%。2014 年虽然同比下降了 20.5%，但从 2004 年到 2014 年间，中国艺术品及古董进口年增长率达 32%，进口总额整体增长了 1000%，并于 2014 年跃居全球第三大艺术品、古董进口国。2015 年至 2017 年间，我国进口额呈连续下降趋势，但 2018 年这一趋势迅速扭转，这一年我国艺术品、收藏品及古董进口额为

1.73 亿美元，同比增长 126.5%，2019 年增速更是惊人，进口额同比涨幅高达 384.6%，最终金额为 8.40 亿美元。

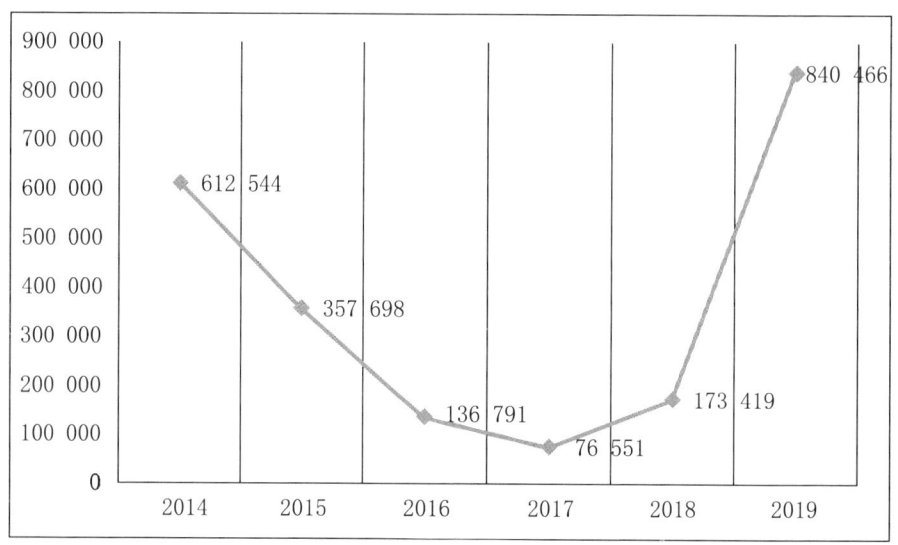

数据来源：中国海关总署官网

图 3-17　2014~2019 年中国艺术品、收藏品及古董进口额（单位：千美元）

在 2013 年之前，我国艺术品进口虽增势喜人，但真正从海外直接进入中国内地的艺术品不到总进口额的 10%。在 1985 年，我国几乎所有的进口艺术品都是运往香港地区。在 2013 年之前，中国内地文物艺术品进口额在全国总进口额中所占比例也一直没有超过 7%，如果除去 1995 年、2000 年以及 2012 年，这一比例甚至不到 5%。造成这一现象的主要原因是我国较高的艺术品进口关税，在我国，艺术品属于与奢侈品同类的进口商品，一直以来征税比例较高，这对于我国艺术品贸易来说是非常不利的。

直到 2011 年年底，国务院关税税则委员会发布的《关于 2012 年关税实施方案的通知》（税委会〔2011〕27 号）规定自 2012 年起，将油画、粉画及其他手绘画原件；雕版画、印制画、石印画的原本；各种材料制的雕塑品原件的进口关税税率由 12% 降至 6%。国务院关税税则委员会《关于 2013 年关税实施方案的通知》（税委会〔2012〕22 号）延续了这一税率。受到这一政策调整的影响,在 2013 年,中国内地进口额在全国总进口额中的比重迅速提升到 34%,首次超过 10%。2014 年这一比例虽有所下降,但仍占到了 24%。

表 3-10 2000~2014 年中国内地与香港地区艺术品、收藏品及古董进口额占比

年份	内地占比	香港占比
2000	6%	94%
2001	4%	96%
2002	3%	97%
2003	3%	97%
2004	3%	97%
2005	3%	97%
2006	4%	96%
2007	2%	98%
2008	3%	97%
2009	3%	97%
2010	3%	97%
2011	3%	97%
2012	7%	93%
2013	34%	66%
2014	24%	76%

数据来源:《全球艺术品市场报告 2016》

但 6% 的进口关税与其他许多国家(地区)的关税税率相比仍有很大差距。艺术品进口时除关税外,还需申报缴纳进口环节增值税,高达 17%,综合以上两种税收,则艺术品的进口税率在 23%。而作为老牌世界艺术品交易中心的美国和英国,其关税均为零(英国征收 5% 的增值税);在亚洲地区,中国香港、新加坡、中国台湾地区等新兴艺术品交易中心也都实行零关税政策(中国台湾地区、新加坡分别征收 5%、7% 的增值税)。

2013年9月，中国收藏家刘益谦以822.9万美元的高价在纽约苏富比"中国古代书画精品"拍卖会上竞得苏轼《功甫帖》，重要文物回归国人手中本来是一件振奋人心的事件，但此件作品要回到国内，需缴纳1000多万元人民币的高额进口税，这让藏家颇感为难，国宝要真正回国并非易事。由此也可看出我国艺术品进口在高关税下所面临的困境。

2016年年底，海关总署发布《关于2017年关税调整方案的公告》，对822项进口商品实施暂定税率，其中自2017年7月1日起97011019（油画、粉画及其他手绘画原件）、97020000（雕版画、印制画、石印画的原本）、97030000（各种材料制的雕塑品原件）三个税则号的关税暂行税率由6%降至3%。

2018年5月，根据国务院第10次常务会议决定，国务院关税税则委员会印发《关于降低日用消费品进口关税的公告》（税委会公告〔2018〕4号），自2018年7月1日起降低包括艺术品在内的日用消费品的最惠国税率，涉及1449个税目，其中"唐卡以外的手绘油画、粉画及其他画（97011019）""雕版画、印制画、石印画的原本（97020000）""各种材料制的雕塑品原件（97030000）"取消3%暂定税率并下调至1%；将"唐卡（97011011）"由现行12%最惠税率下调至6%；将"手绘油画、粉画及其他画的复制品（97011020）""拼贴画及类似装饰板（97019000）"由现行14%最惠国税率下调至6%。

虽然我国在艺术品进口方面目前还没有像其他一些艺术品交易中心实行零关税政策，但近几年在关税方面做出的一系列调整已经体现了国家对艺术品经营的重视，这几年艺术品进口贸易的增长为中国艺术品市场注入了活力。这一举措不仅有利于我国艺术品经营业的长期发展，对我国文物的回流来说也至关重要。

近年来，由于世界经济疲软，地区冲突频发，失业率不断攀升，贫富差距日益扩大等一系列问题，未能适应时代、缺乏竞争力的群体将全球化看作造成这些问题的"替罪羊"，英国脱欧、美国大选等事件体现出以美国为首的西方国家普遍存在的对全球化趋势的抵制情绪，贸易保护、单边主义等逆全球化思潮不断涌动。

在这一思潮的影响下，中美贸易摩擦不断升级，艺术品市场也不可避免地受到了波及。美国政府于2019年8月15日宣布，对自华进口的约3000亿美元商品加征10%关税，分两批自2019年9月1日、12月15日起实施。此次加征关税的名单包括绘画、素描、雕塑、版画、邮票以及逾100年历史的古董。此外，还有关于动物学、植物学、矿物学、解剖学、考古学、历史的收藏品。

但美国针对中国艺术品加征关税并没有抑制藏家的购买欲，反而激发了美国市场对于中国艺术品的购买意愿，出于对未来两国贸易政策不确定性的担忧，大部分海外艺术品购买者担心未来贸易战进一步加剧，购买中国艺术品价格将会比现在还要高，由此引起了火热的抢购。

从全世界范围来看，我国早已成为世界艺术品交易的一个重镇，一直稳居全球艺术品前三。2019年，中国艺术品市场以117亿美元的交易额，占全球艺术品市场成交份额的18%，为全球第三大艺术品市场。早在2018年，特朗普政府就对外宣布了计划针对包括艺术品在内的中国商品提高25%进口关税。同年，中国海关总署宣布再次下调艺术品进口关税，这是继2017年下调之后再一次关税的变动，这对中国艺术品市场国际化进程来说非常有利。

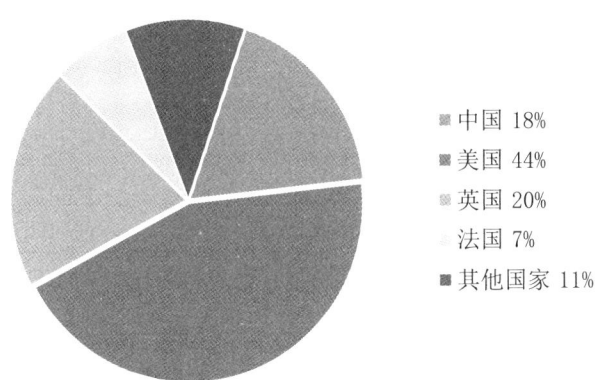

数据来源：《巴塞尔全球艺术市场报告2020》

图3-18　2019年世界各国艺术品市场交易额份额图

近些年中国艺术家作品在国际上一直备受热捧。据《2019年度艺术市场报告》统计，2019年艺术家作品年度成交排行前500位的榜单中共有116位中国古今艺术家入围，占总数的23.2%。在榜单前10位中就有赵无极、张大千、吴冠中和齐白石4位艺术家。赵无极以作品年度成交2.38亿美元排名第3位；张大千以作品年度成交1.78亿美元排名第5位；吴冠中以作品年度成交1.49亿美元排名第6位；齐白石以作品年度成交1.30亿美元排名第9位。这些重要的中国艺术家作品的收藏群体主要以全球华人藏家为主，并且绝大部分作品都是在中国或亚洲市场成交的，他们作品交易的活跃程度不仅标志着中国艺术作品的定价权已掌握在了中国人自己的手中，也反映了美国加征关税的举措对中国艺术家作品的成交并没有太大的影响。

表3-11 2019年全球总成交额前十名艺术家

排名	艺术家	总成交额（美元）
1	巴勃罗·毕加索	346 224 674
2	克劳德·莫奈	298 413 376
3	赵无极	237 851 039
4	安迪·沃霍尔	228 327 115
5	张大千	177 808 475
6	吴冠中	148 722 476
7	格哈德·里希特	130 531 911
8	大卫·霍克尼	130 507 121
9	齐白石	129 751 589
10	让-米歇尔·巴斯奇亚	128 795 746

数据来源：《2019年度艺术市场报告》

第三节 行业构成与行业规范

一、行业构成

在西方成熟的艺术品经营体系中,画廊作为艺术品进行初次交易的主要阵地,是一级市场的主要形态,不仅要负责艺术作品的收藏、展示及销售,还要担负起发现、培育及推广艺术家的职责;而拍卖行主要负责艺术品在市场上的二次流通,通常被看作艺术品交易的二级市场;博物馆、美术馆等非营利性艺术机构虽然不直接参与艺术品的交易,但这些机构通过自身承担的社会美育与学术研究功能为艺术品经营提供了强有力的支撑;艺博会则为画廊等艺术品经营主体提供集中展示的平台,不仅有利于行业资源的集合,同时还能提供行业内交流学习的机会;还有从事艺术品鉴定与评估、艺术品金融、艺术品行业资讯的各类机构为艺术品市场的运行提供服务。在完整且成熟的产业链下,艺术家可以保持自身的独立性,专心于创作。

目前,我国艺术品经营体系尚未成熟,产业结构不合理,最突出的特点就是二级市场独大,挤压其他经营主体的市场空间。按照国际经验,一级市场和二级市场的比例一般是1:1,但我国艺术品市场离这一比例还有很大差距。这主要是因为我国拍卖行业的发展早于画廊业,画廊的缺位让我国拍卖行在早期发展时就担任起了一部分一级市场的功能,并迅速发展。而画廊业起步较晚、经验相对缺乏,在面对艺术家和买家时都缺乏竞争优势,发展空间受到挤压,发展速度和规模远远落后于拍卖业,在艺术市场上被边缘化,导致其本应承担的市场价值发现功能就被推给了拍卖行。拍卖行可以直接从艺术家处征集作品进行拍卖,艺术家在未经过画廊代理的情况下就直接进入拍卖市场等不规范行为的普遍存在扰乱了艺术品市场的秩序,很多人想借机抬高自己拍品的价格,从而导致艺术市场上假拍作价等乱象频生,市场出现混乱与泡沫。

虽然我国艺术品经营业在传统业态构成中出现了失衡的局面,但在创新业态方面屡有突破,艺术品在线交易平台与艺术品金融平台方面的不断探索都得到了较大的发展。随着我国艺术品市场规模的不断扩大,创新业态相继出现,发展趋于理性,艺术品经营业的业态构成还会不断优化调整,最终会建成一个稳定发展的具有中国特色的艺术品经营体系。

二、行业规范

一直以来,规范化程度低、诚信缺失等问题都是制约我国艺术品经营业发展的消极因素,但政府主管部门和行业内部也一直在为行业的规范和健康发展进行不懈努力。

一级市场无序发展的状况长期受到各方面的关注,尤其是部分非专业画廊缺乏规范和信誉等问题,制约着画廊市场的整体发展。针对此,文化部于2004年、2006年、2008年和2012年先后进行了四次"诚信画廊"的评选工作,2012年,文化部公布第四批"诚信画廊"评选结果,有45家画廊新获得"诚信画廊"称号,同时文化部还对原先获得"诚信画廊"称号的画廊进行了复查,取消了15家画廊的"诚信画廊"资格,目前,全国的"诚信画廊"总数达94家。此外,行业协会的地位逐渐凸显,成立于2011年9月的"北京画廊协会"开展了一系列的活动,2012年开展了北京画廊周、画廊之夜、艺术地图等全国首创的文化活动,并举办了"画廊经理人培训"等活动,在艺术教育、宣传引导、社会慈善等领域得到了社会各界的认可;2012年6月,"艺术红坊暨画廊联盟"在上海红坊文化艺术社区正式启动。北京画廊协会、上海画廊联盟的出现,标志着国内画廊业向更加有序、规范的方向迈进了一大步。

2011年6月,《中国文物艺术品拍卖企业自律公约》公布实施。2012年,全国拍卖业基本能认真遵守《中国文物艺术品拍卖企业自律公约》,公约执行机构接到的有关投诉举报有十余件,比2011年减少一半。同时,截至2013年7月10日,全国已有169家文物艺术品拍卖企业签署《中国文物艺术品拍卖企业自律公约》,全体签约企业均定期公布并在有关网站上进行标识明示。这些企业的诚信理念和良好行为对维护行业正面形象起到了积极作用,《中国文物艺术品拍卖企业自律公约》的权威性和社会效力不断提升。

中国拍卖行业协会自2010年起,每年发布《中国文物艺术品拍卖市场统计年报》,其通过客观的数据信息反映我国文物艺术品拍卖业的实际营业状况,符合"公开透明"的行业准则和自身发展需要,这种常态化的数据信息披露制度对行业的长远健康发展具有重大意义。

作为拍卖行业第一个行业标准的《文物艺术品拍卖规程》于2010年7月1日开始实施,不仅确立了文物艺术品拍卖的基本原则,还规定了文物艺术品拍卖的主要程序与基本要求。之后,《拍卖企业的等级评估与等级划分》《拍卖术语》《拍卖师操作规范》《机动车拍卖规程》《不动产拍卖规程》等行业规范性标准也相继颁布。

自2011年秋拍起,历经一年的首届中国文物艺术品拍卖标准化达标企业评定工作于2012年9月份结束,并在京举行首批(44家)达标企业授牌仪式和《中国文物艺术品拍卖业标准化状况报告》发布,取得了良好的效果和社会反响。本次评定工作对参评企业从营业场所、库房到拍卖会场等重要硬件;从征集拍品、审鉴拍品、保管拍品、拍卖会申报到预展、拍卖、交割等整个拍卖程序,均做了全方位考评,是拍卖行业内部落实操作流程规范的一次大检阅。同时,在2012年,根据《拍卖企业的等级评估与等级划分》,经过评定产生了第一批"中国文物艺术品拍卖标准化达标企业"(44家)以及新一届国家层面上的"拍卖行业资质等级企业"(A级企业947家、AA级企业575家、AAA级企业103家)。通过这些评定工作,行业规范化、标准化运作水平在短期内得到了明显提升,并推动着文物艺术品拍卖业从"数量增长"开始向"质量提升"转变。

2011年11月国务院下发《关于清理整顿各类交易场所切实防范金融风险的决定》(国发〔2011〕38号)(以下简称"国38号文"),对艺术品标的类证券化作了严格的限制。"国38号文"规定,除依法设立的证券交易所或国务院批准的从事金融产品交易的交易场所外,任何交易场所均不得将任何权益拆分为均等份额公开发行;不得采取集中竞价、做市商等集中交易方式进行交易;不得将权益按照标准化交易单位持续挂牌交易;

任何投资者买入后卖出或卖出后买入同一交易品种的时间间隔不得少于5个交易日；除法律、行政法规另有规定外，权益持有人累计不得超过200人。2013年1月9日证监会发布公告称，截至2012年年底，全国36省区市中已有16个通过了清理整顿各类交易场所部际联席会议的验收，清理整顿交易所的工作已基本完成。在整顿之后，文交所纷纷进行了重新定位和转型，处置风险的能力得到了提高，这为艺术品市场的正常有序发展提供了更加优化的市场环境。

2011年，文化部发布《关于加强艺术品市场管理工作的通知》，不仅涉及文交所的相关问题，同时还对艺术品市场的管理以及立法工作做了说明。提出要大力加强艺术品市场建设，依法规范艺术品市场交易秩序，切实执行艺术品市场管理制度，积极推进艺术品市场立法进程。并要求各地积极支持画廊业发展，深化艺术品市场诚信制度建设，开展诚信画廊评选活动，推动艺术品市场行业协会建设，引导艺术品市场健康有序发展。

2013年4月，文化部办公厅发布《关于开展艺术品鉴定管理试点工作的通知》，决定在北京、上海、江苏、浙江、湖南、陕西等六个省（市）开展艺术品鉴定管理试点工作。探索建立艺术品鉴定第三方服务机构的管理办法和制度，规范艺术品市场秩序，并为艺术品市场立法提供实践经验。

2014年4月，文化部发布了《国家艺术基金章程（试行）》，对国家艺术基金资助范围作出了规定，包括艺术的创作生产、传播推广、征集收藏、人才培养等方面。同时指出项目资助要立足示范性、导向性，努力体现国家艺术水准。将国家艺术基金的资助方式分为三类：项目资助，即根据项目申报类别及评审情况予以相应资助；优秀奖励，即对优秀作品、杰出人才进行表彰与奖励；匹配资助，即为引导和鼓励社会力量支持艺术发展，对获得其他社会资助的项目进行有限陪同资助。

2014年7月，中国证监会在其发布的《私募投资基金监督管理暂行办法（征求意见稿）》起草说明中，明确将私募证券基金和私募股权基金，以及市场上以期货、期权、艺术品、红酒等作为投资对象的其他种类私募基金均纳入调整范围。自此，艺术品私募基金正式纳入中国证券监督管理委员会的监管范畴。

2014年9月，中国拍卖行业协会发布了《文物艺术品拍卖从业人员职业守则》、《文物艺术品拍卖标的审定指导规范》和《文物艺术品拍卖标的保存管理指导规范》三项规范，首次将艺术品拍卖市场的法律规范体系延伸细化至重要人员操守、审件、保管等具体业务环节。这些规范性文件的发布与实施也是针对当下社会公众对拍卖行拍品把关、拍品安全保障、人员操守等环节疑问的回应。而由北京画廊行业协会制定发布的《画廊行业经营规范》和《画廊从业人员行为规范》则首次全面规定了画廊与艺术家、消费者、同行的行为规范。

2015年2月，国务院发布《博物馆条例》，目前是博物馆行业效力最高的法规，内容较为全面，涵盖博物馆设立、管理、责任等，并且首次明确了民办博物馆的法律地位，并确认了博物馆法人管理制度。

2016年1月，文化部发布了新修订的《艺术品经营管理办法》，对艺术品经营范围及规范、进出口经营活动、审批程序、法律责任等做了具体说明，明确指出从事艺术品经营的单位禁止经营"伪造、变造或者冒充他人名义的艺术品"，不得有"伪造、变造艺术品来源证明、艺术品鉴定评估文件以及其他交易凭证的"经营行为，需应买受人要求对买受人购买的艺术品进行尽职调查，并提供相应的证明材料（艺术品创作者本人认可或者出具的原创证明文件、第三方鉴定评估机构出具的证明文件、其他能够证明或者追溯艺术品来源的证明文件）。这一办法的发布加快了艺术品经营行业秩序的建立。

2016年3月，文化部又发布了《关于贯彻实施〈艺术品经营管理办法〉的通知》，对《艺术品经营管理办法》的具体实施作出部署，以切实加强艺术品市场管理，促进艺术品市场健康有序地发展。强调要高度重视艺术品市场管理；明确管理对象，开展行业普查；规范审批备案工作；建立专家委员会制度；推动建立健全经营规范；加强信用监管；加大案件查处力度；加强行业协会建设；加强学习宣传。同月，国务院发布了《关于进一步加强文物工作的指导意见》，提出要"鼓励民间合法收藏文物""切实加强文物市场和社会文物鉴定的规范管理，积极促进文物拍卖市场健康发展。"

2018年4月，中国人民银行、中国银行保险监督管理委员会、中国证券监督管理委员会、国家外汇管理局联合颁布了《关于规范金融机构资产管理业务的指导意见》。这一新规限制了艺术品基金的规模和数量，打破了艺术品基金的刚性兑付，提高了对基金管理人能力的要求，同时也严格规范了艺术品基金的准入门槛、市场销售、产品托管、信息披露以及风险控制等。

2018年10月，中国文化艺术发展促进会主办的首届艺术品行业规范论证会在北京举办，对艺术品行业规范发展的方向和重点难点问题进行了讨论，着重就广州市艺术品鉴定协会送交会议讨论的《艺术品鉴定工作规程》《艺术品评估工作规程》《艺术品鉴定人登记办法》《艺术品鉴定机构登记办法》等进行了深入探讨和论证，这为艺术品鉴定评估工作流程标准化的推行奠定了基础。并于2019年6月举行了第二次论证会，对《艺术品鉴定师认证规程》进行了论证，提出要建立严格的考察、准入制度和工作规程，提高艺术品鉴定人的整体水平。此次会议对艺术品鉴定评估标准化、规范化机制的实施提供了有力支持，对实现中国艺术品金融化发展必将产生积极影响。

2019年4月，中国拍卖行业协会印发了《文物艺术品拍卖标的信息说明指导规范》的通知，要求拍卖人对艺术品信息说明时"应本着客观公正、诚实守信的原则，如实陈述、用语规范，不虚构、不夸大、不隐瞒"，以健全文物艺术品拍卖自律体系，深化标准建设，规范拍卖流程，提升专业水平，规避业务风险。

2019年12月，国家市场监督管理总局、中国国家标准化管理委员会联合发布了《电子商务交易产品信息描述：艺术品》，标志着首部艺术品电子商务国家标准编制的完成。

第四章 艺术品经营业的安全要素

第一节 艺术品经营业中的风险评估及规避机制

一、风险评估

(一) 环境风险

虽然从长远来看,艺术品抗经济风险的能力较强,但作为一种涉及投资行为的行业,艺术品经营也需要面对宏观经济环境变动带来的风险。艺术品市场的发展基本上是伴随着经济形势而波动的,20世纪日本经济腾飞与亚洲金融危机的爆发带来的日本艺术品市场的繁荣与衰败,很好地诠释了经济大环境变化会给艺术品经营带来的巨大风险。我国艺术品市场的发展也与我国宏观经济的发展步调基本一致,近年来在我国GDP逐年增长的经济环境下,我国艺术品经营业也呈现出加速发展的态势,随着我国经济进入"提质减速"的调整期,艺术品经营业也进入了深度调整期。因此艺术品经营要注意经济大势,顺势而为,尽量减小经济环境变动带来的巨大风险。

除了经济环境之外,艺术品经营业还面临着政策环境带来的风险。近几年,中美贸易摩擦不断升级,美国政府宣布,对自华进口的包括艺术品在内的约3000亿美元商品加征10%关税,而在此之前,美国一直对艺术品实行零关税政策,也没有艺术品增值税,只征收艺术品买卖税,在很大程度上正是这种税收方面的优势使得美国长期居于全球艺术品市场之首。

这一政策实施之后,美国可能会失去这一优势,至少在中国艺术品交易方面是这样的。中国艺术品可能会选择在其他地区的市场进行交易,这样反而有利于美国以外的艺术品市场的崛起。

(二) 艺术品属性风险

品质风险。艺术品是特殊的精神产品,其艺术品质的判断需要很高的艺术修养与学识,而当前大多数人并不具备评判其品质的能力与修养。相对当代艺术品,古代艺术品风险小一些,因为古代艺术品已经经历过历史筛选,而且参考依据相对更易获得,藏家可以通过查阅古籍或相关艺术品的销售记录来对品质进行基本判断。而当代艺术还未经历过时间的考验,人们往往会将其市场价格看作评判其艺术品质的唯一标准,但其价格波动性较大,因此品质的不确定风险也更大。

真伪风险。艺术品的真伪风险应该是伴随着艺术品市场的诞生而出现的,在高额利益的驱使下,很多人不顾职业道德及市场规范开始造假售假,甚至还形成了规模化的造假产业链,导致大量赝品流入市场,极大地扰乱了艺术品市场的秩序。另外,私下交易泛滥让艺术品缺乏清晰的流传记录,导致来源追溯成难题,才让造假者有机可乘。这样一来不仅加大了有效控制艺术品市场风险的难度,还制约了保险、金融等辅助、支持和介入的力度。在没有保证机制的情况下,对自己艺术鉴赏能力不自信的投资者可能会因为害怕买到赝品而远离艺术市场。

损坏或丢失风险。由于艺术品资产的实体属性,其物理品质及完整性对价格的影响非常大,而且大多数艺术品对保存环境的湿度、温度等条件要求很高,保存环境的不恰当或突变可能会给艺术品的观赏及投资价值造成极大威胁。这种风险不仅存在于艺术品的贮藏中,还普遍存在于艺术品的运输过程中,而且在运输过程中还可能出现丢失或调包的风险。美国联邦存款保险公司的一项调查结果显示,约有四成的艺术品价值损失出现在艺术品运送过程中,剩余部分则发生在艺术品保管时。重视艺术品的运输及保管风险,为高价值艺术品购买保险,可为投资者减少不必要的风险损耗。

（三）交易风险

鉴定风险。艺术品市场上赝品盛行，权威的鉴定机构及完善的评估鉴定体系的缺位，使得艺术品的真伪鉴定风险成为我国艺术品经营业当前面对的最常见的风险。对投资者而言，倘若缺少相关鉴定知识或没有投资顾问的参考，作品的真实性就很难保障，这无异于将作品的可靠度交给尚不规范的二级市场。如果在鉴定环节没有把好关，很有可能会给投资者带来巨大的经济损失。从这一角度来说，在艺术品投资中，真假鉴定是确定投资价值的第一步，也是艺术品投资中最大的风险点。

估价风险。艺术品的唯一性和学术性本身很难有一个稳定不变又被普遍认同的价值评定，针对艺术品的评估又因其特殊性而难以按照一般商品来进行，这就造成了对艺术品市场价格水平作出合理性的判断和认定的难度，最终导致公正合理的"价格评估体系"的现实缺失。因此，只有将艺术品的定价权交给市场，在供求机制和竞争机制的共同作用之下，得到藏家普遍认可的价格才是经得起时间考验的真实价格。但目前，我国艺术品经营的市场机制并不完善。突出体现为一二级市场倒挂，私下交易泛滥。在我国，艺术品私下交易几乎占到了60%，拍卖行占30%，画廊占10%。在欧美等艺术品经营发展较为成熟的地区，画廊通常被认为在艺术品经营业中扮演着一级市场的角色，承担着艺术品品质把关以及价值发现的职责。但在我国，拍卖业的兴起早于画廊业，在专业画廊出现前，拍卖行在一定程度上扮演着画廊的角色，将来自艺术家的艺术品直接销售给藏家。因此，我国艺术品市场一直呈现出二级市场独大的局面，画廊业受到强势挤压，在艺术经营中一度被边缘化。作为二级市场的拍卖行甚至越位承担了画廊价值发现的职责。这一市场机制的不完善被很多想要抬高拍品价格的人所利用，通过假拍蓄意炒高价格，最终导致市场价格混乱。再加上艺术品投资的专业性门槛较高，很多普通藏家并不了解市场行情，容易被虚假的价格所蒙蔽，作出错误的投资决定。价格评估机制的混乱会给艺术品市场带来很多不确定因素，加大市场波动幅度，不利于艺术品经营业的长期稳定发展。

信用风险。诚信缺失仍然是制约我国艺术品经营业发展的最大障碍，在整个艺术品产业链上各环节都存在不同程度的信用问题：艺术家为了追求自身利益最大化，往往会绕过画廊与藏家直接交易，使得画廊的前期投入白白流失，利益受到损害，艺术家还有可能与经营机构联手包装炒作、人为造市；画廊可能会因为短期内没有看到回报而随意中断与艺术家的合作关系，同时在拍卖行的挤压下为了生存而违背职业规范造假售假；拍卖行则会在竞争压力与经济利益的双重驱动下，一味追求高价成交，人为哄抬艺术品价格，催生了艺术市场的泡沫，而且拍卖中以假乱真、以次充好的情况也屡屡发生。艺术品购买者拖欠货款或根本性违约在拍卖行业也是一个非常普遍的现象。据中国拍卖行业协会发布的数据显示，截至 2019 年 5 月 15 日，2018 年度全国文物艺术品拍卖的 246.05 亿元成交额中，尚有 115.42 亿元仍未结算，未完全结算的拍品有 35 件（套），而未结算的拍品达 86 件（套）。[1]这些诚信问题给我国艺术品经营业带来了多重风险，严重制约了我国艺术品市场的健康发展。

信息风险。我国的艺术品市场透明度较低，尤其是以画廊为代表的一级市场，长期以来都存在内幕交易、信息不对称等问题。艺术品交易的透明度很低，造成大多数投资者在交易中处于明显的弱势地位。由信息不透明引发的最直接问题就是艺术品的价格操纵，经营者或艺术家本人通过炒作使得艺术品价格在短时间内大涨，以此营造出市场极度繁荣的假象，没有经验的投资者往往会被这种现象所迷惑，跟风投机，等到泡沫破裂时，才发现自己成了"击鼓传花"的受害者，损失惨重。

投机风险。成熟的艺术品收藏投资应是中长期投资，但我国艺术品市场在资本运作和媒体宣传的催化下，市场热度持续高涨，吸引了很多投资者抱着短期获取高额回报的投机心理进入艺术品领域，导致我国无论是艺术品实体还是艺术品金融产品的交易都呈现出非常明显的短期投资趋势。国外艺术品基金的封闭期一般在 8~10 年，一些成熟的艺术品基金甚至可

---

[1] 参见中国拍卖行业协会：《2018 中国文物艺术品拍卖市场统计年报》。

能达到 20~30 年的周期。而在我国，艺术品基金普遍封闭期限过短，常常是艺术品还未实现增值，基金就已进入兑付期，这种追求短期回报的投机行为会给艺术品市场带来很多不确定因素，加大市场风险。2011 年国务院发布的《关于清理整顿各类交易场所切实防范金融风险的决定》对艺术品信托市场造成了极大的冲击，艺术品信托的参与机构和发行产品骤减，由此可以看出我国艺术品投资带有较为浓厚的投机色彩，而这对于我国艺术品经营业的长期稳定发展来说是非常不利的。

权益与退出风险。艺术品份额化交易是以物权法为依据的，因此份额化交易仅仅是针对艺术品物权的份额化，其他权益并没有进行分割。因此，不像股票等传统金融产品，艺术品份额化交易的投资者没有分红收益，只能通过转让所持有的份额来获取差价收益。而且，在股票这类传统按份共有的投资中，持有份额比例超过一定数量的投资人可以对共有物的处分决策产生影响，但在艺术品份额化交易中，大额投资人并没有享受这一权益，必须经全体共有人一致同意，才能对共有物进行处分，艺术品份额共有人太多，之间也没有太大的信任基础，因此艺术品的处分变现几乎无法实现，这就导致投资人并不关注艺术品本身的增值，只在意自身持有份额买入与卖出之间的价差，最终可能造成艺术品份额价格脱离艺术品本身的价值，从而带来巨大的投资风险。而且我国现有的艺术品退出变现途径也非常有限，目前公开的退出机制只有艺术品拍卖，投资者想要退出变现，就必须在二级市场上找到新的买家接手，但目前艺术品拍卖市场成交量远不能满足我国艺术品交易的需求，这就造成了艺术品投资"进场容易退场难"的局面，无形之中增加了艺术品投资的风险，不利于艺术品市场规模的扩大。

监管风险。针对我国艺术品经营业当前面对的种种风险，各主体普遍缺乏自律意识的一个很大原因是失信成本过低而利益诱惑又很大。因此，艺术品市场的健康发展与正常运行离不开法律法规的约束。而在面对越来越复杂的艺术品经营环境以及层出不穷的新问题、新状况时，我国现行的法规政策要么效力不足，要么针对性不强。而且当前监管部门虽然数量众多,但权责不明晰,各监管部门的监管范围、具体职责及权力大小都没有明确的规定,在出现问题时可能各部门之间会相互推诿,很可能存在因监管不力而加剧问题的风险。

二、规避机制

(一) 形成完善的艺术品经营综合服务保障体系

艺术品保险服务。按照国际惯例,艺术品保险范围包括艺术品失窃后的赔偿和损坏后的赔偿。对于投资者来说,购买艺术品投资保险不仅能得到投资保障,而且与雇用艺术投资顾问的费用相比,投入成本更低,是一种理想的风险转移方式。在国外艺术品保险业比较成熟的国家,通常每一种艺术运作行为的保障都是不同的,保险公司可以针对艺术品所面对的危险性提供比较适合且完善的保险方式。目前,我国自有的艺术品保险仍处于起步阶段,一般是由展览服务公司或艺术物流公司附设,通过他们与保险公司的洽谈合作进行保险,尚未建立起完备的艺术品保险体系,这主要在于艺术品保险本身涉及较强的专业性和特殊性,保险行业尚缺乏这方面的经验和专业人才,因此不愿涉猎这一领域。应该让保险公司看到艺术品保险的巨大发展前景,鼓励更多的保险公司成立专门的艺术品保险部门,并且建立一套完整且规范的参保流程,不断增加艺术品保险的种类。这样一来,保险公司能扩大自身的业务领域,挖掘新的市场潜力,艺术品市场参与者也能通过购买相关保险降低自身风险,艺术品市场也会因为保障的加强而变得更有活力。

艺术品物流服务。艺术物流在国外已有数十年的历史,市场相当成熟,一般大型展会和博物馆级藏品交流展览都会请专门的艺术物流公司来承担运输任务。中国艺术物流还属于起步阶段,除一些国家级博物馆采用专业艺术物流服务外,大量画廊、拍卖行、美术馆、艺术家和收藏家仍以普通货物运输的方式运输艺术品。即便是国家级美术馆也仅仅在大型展览时才会采用这种"昂贵"的运输方式。把艺术品当成货物运输,往往会出现一些纰漏,导致作品损坏。目前,国内艺术物流的瓶颈是收费较高和专业程度不足。随着在线经营的不断发展,艺术品运输安全性及服务水平的提高迫在眉睫。在最需要特殊物流服务的艺术品运输问题上，各大艺术品在线经营平台既没有服务专业且价格合理的物流合作对象，也无力像苏宁、京东这类成熟的电商平台搭建属于自己的独立物流体系，这在很大程度上限制了艺术品在线经营未来的发展。因此，建立一个能为艺术品量身定制的物流方案，提供专业、快捷且覆盖全面物流服务体系是综合服务的关键一环。

艺术品展览服务。从狭义来说，艺术展览服务包括展览工程、展具租赁、设计装饰、现场搭建等，而更为全面的业务则包括出入境事务、安排相关活动及协助办理签证。国内专业性的艺术展览服务公司并不多，大多艺术展览活动仍由一般的展览服务公司承接。从目前来看，除了博览会和大型拍卖会以外，画廊等中小型展览组织方很少愿意请专业的艺术展览服务公司提供服务。

艺术品仓储服务。由于艺术品的特殊性，对于仓储和摆放环境要求较高，所以专业的艺术仓储有很好的市场发展前景。国际上，瑞士银行和德意志银行等均对其私人客户提供相关业务。目前，国内出现了一些承担艺术品仓储的公司或机构，但大多处于发展的初级阶段，有的依附于物流公司，专业服务水平相对较低，跨界合作能力差，有的仓储设备简陋，无法达到客户的基本要求。

艺术品经纪服务。在国际艺术品市场上，艺术家一般不直接参与艺术品的市场交易，艺术品经纪人在艺术品交易中起着至关重要的作用，他们的功能不仅是促成艺术品的交易，更重要的是凭借自身的艺术品鉴赏能力充当艺术品市场交易的"把关人"，能在很大程度上帮助投资者规避由于专业知识缺乏而造成的风险。艺术品经纪人在严格的资质评估及行业规范下参与到艺术品市场的运作中，凭借其专业素质推动艺术品交易秩序的建立，更多专业人士的参与在一定程度上也能够减少艺术品市场上风险发生的概率。

艺术品信息服务。建立一个完整且权威的艺术品市场数据库，为艺术品经营提供行情、指数及估值等信息服务，对于提高市场透明度以及规范行业发展来说是至关重要的。虽然我国在艺术品信息服务方面有了一些发展，成立了像雅昌艺术市场监测中心这类有一定影响力的信息服务平台，但相比 artnet、Artprice 这类拥有国际公信力并得到广泛认可的大型艺术品信息服务机构，我国的信息服务还未形成一个能够与国际接轨的完整体系。目前，由于行业内部结构不均衡，导致我国艺术品数据主要是来自拍卖行，鲜有来自画廊的数据。一级市场数据的缺失必然会造成信息服务体系的不完整性。而线上经营的发展可以很好地促进数据服务的完善，线上平台就相当于一个庞大的数据库，深度记录了消费者的消费行为或习惯、投资者的投资行为或习惯，甚至还有艺术家交易信息，这些都可以为艺术品经营机构、艺术研究机构、艺术保险公司、投资者甚至国家机构提供参考依据。

（二）加强艺术品经营业监管体系的建设

构建艺术品鉴定评估体系。艺术品鉴定评估的权威性是艺术品投资、艺术品金融与艺术品保险发展的前提条件，艺术品评估鉴定的结论不仅关乎艺术品的价格及市场参与者的利益，还会影响整个艺术品市场的发展。应该在政府的带领下成立具有公信力的艺术品鉴定机构，建立艺术品鉴定评估制度、从业人员资格认证与评级制度等规范，同时要依托大数据、区块链等技术手段，增强艺术品鉴定与评估流程的透明度，并且采集艺术品信息进行实名登记，实行艺术品身份证管理制度，建立一个公开可信的艺术品信息数据库，以便于消费者或投资者通过检索艺术品来源、鉴定机构的权威性来对市场流通的作品进行初步鉴别，从而降低市场信息的不对称。

建立艺术品经营信用管理体系。诚信缺失极大地破坏了艺术品市场的经营秩序，缺乏完整的信用体系，不仅会让艺术市场相关服务难以良好发展，也会削弱投资者参与市场的积极性。因此，建立一个囊括艺术品市场各个参与群体、行之有效且可持续发展的信用体系迫在眉睫。相关部门可以引导专业机构、充分运用技术手段搭建一个开放透明且实时更新的诚信信息共享平台，以健全艺术品市场信用体系。利用大数据技术，将平台收集到的艺术品经营机构、消费者或投资者、艺术家乃至艺术品经纪人等主体在经营和消费过程中的失信行为与其信用资格相关联,将结果公布在平台上,让失信行为无处藏身。增加失信成本也是建立诚信行业的关键,要对有违约行为的企业或个人予以警示,如果出现欺诈行为则将其列入失信黑名单,且追究其法律责任。

完善艺术品经营相关法律体系。法律法规是规范与监督市场运行、保证市场参与主体利益最有力的手段,因此艺术品经营离不开法律法规的约束。在艺术品市场机制不健全、行业规范未成形的时候,建立一个完善的艺术品经营相关法律体系是规范市场参与主体行为、保证市场健康运行、降低风险发生率、保障各方权益的有效途径。首先要对现有法律法规进行补充与修订,使其更为完善、具体、便于执行,同时还要紧跟市场发展的速度,针对新兴领域及行业出台相关法规,尽量规避由于监管缺失而带来的市场风险。

促进艺术品经营监管的落实。对于艺术品经营中存在的风险及问题,制定相关约束性法规与政策是重要的,但监管行动的落实才能让这种约束真正发挥作用,而这需要文化主管部门及行业协会的共同努力才能实现。为了让各部门之间各司其职彻底落实各项法规政策,一方面需要明确各部门的具体职责及权力范围,另一方面对于不当行为的惩罚措施也要更明确、更有针对性。

(三) 重视对艺术品市场参与者的教育

加强社会美育。重视艺术品经营业的社会美育功能,线上线下相结合,利用网络大数据进行客户画像,将有共同艺术喜好的潜在客户聚集起来建立线上社群,社群中的用户通过互动不仅能提高自身的艺术鉴赏水平,还可以增进彼此之间的信任感,同时也增强了用户对平台的黏性。博物馆、美术馆、画廊等线下展示空间可以将艺术品融入生活场景,为消费者营造一个情景式的体验环境。举办展览、艺术讲座、交流会,为艺术爱好者、潜在投资者提供艺术品的审美、鉴赏相关知识的学习,不仅可以提高艺术爱好者的艺术素养,还有利于激发艺术市场的潜在需求。也就是说,加强社会美育,不仅能够帮助艺术品成为资产配置的一个选择,还有利于大众艺术品消费习惯的养成。随着我国消费需求的不断升级，人们对文化精神方面的消费越来越重视，鼓励艺术消费，引导大众将目光从期盼短期回报的艺术投资上转移，发掘大众对艺术品的潜在需求，是未来艺术品市场新的增长点。同时还要为用户提供关于艺术品价值判断以及投资风险认知的相关知识，让他们知道如何构建艺术品的价值并且清楚地认识到艺术市场是有风险的，要做好承担损失的心理准备。

加强投资观念教育。帮助投资者培养理性且独立的投资观念，尽量减少艺术品市场中的投机行为。首先，要为投资者提供艺术品市场的即时信息，引导他们关注艺术潮流的发展趋势，逐步提高自身独立判断市场的能力，避免从众心理导致的盲目跟风投资。艺术市场很多时候就像股票市场一样，大家都追逐热门进行投资的话，可能会使得某些艺术品价格猛增到脱离实际价值，一旦泡沫产生，跟风者在泡沫破裂时可能来不及退场，最终损失惨重。其次，要帮助投资者认识到在如今这样的信息社会，"捡漏"型的投资在艺术品市场上发生的概率并没有过去那么高了，抱有这样的心理很容易将自身置于风险之中，从艺术品本身的价值出发作出投资决定才是正确的选择。再其次，要帮助投资者认识到艺术品投资是一个中长期的投资，过短的持有期会放大艺术市场的波动，最终影响投资回报率。最后，要让投资者意识到艺术品投资不同于其他投资，艺术品投资除了会产生经济回报之外，还会给投资者带来精神上的回报，这也是西方国家艺术品经营业发达的一个原因。购买艺术品最好是从审美角度出发，将投资行为建立在对艺术品的欣赏与喜爱之上，在此基础上再追求艺术品的增值，才能从根源上增强自身的抗风险能力。

第二节 艺术家与艺术品经营

艺术家作为艺术作品的创造者，是艺术品经营业能够存在的根本，即使没有直接参与艺术品的市场交易，艺术家在艺术品市场上仍占据着极其重要的地位。他们凭借自身的艺术创作才能与灵感创作出独一无二的艺作品来满足自身的精神需求，同时通过艺术品的销售来获得维持生活、支持继续创作的资金。有些艺术家还会通过展览、发布会或媒体来与大众分享自己的艺术见解及创作理念，帮助观众解读自己的艺术作品。

艺术家从事的是精神领域的生产，在成熟的艺术品产业链中，艺术家往往是不直接接触市场的，以保持其在创作中的精神独立性。在真实的艺术品市场上，常会由于艺术家审美趣味较为前卫但市场审美水平相对滞后而造成艺术品的艺术价值暂时不被市场认可，从而出现艺术品的价格与艺术价值不相符的情况。但从市场发展的长期趋势来看，当艺术品的艺术价值经历市场的不断检验后，其价格最终会与价值实现重合。

但在市场经济的大环境下，艺术品商品化程度越来越高，于艺术家而言市场化是把双刃剑。一方面，繁荣的艺术品市场不仅能让更多的人了解到艺术家的作品及艺术理念，还能为艺术家提供稳定且丰厚的经济来源，精神与物质上的双重满足让艺术家更有积极性来继续自己的审美追求，创作出更多高品质的艺术作品。但是另一方面，市场价值的判断可能会对艺术家的创作产生影响，很多立场不坚定的艺术家为了追求更大的名声与更多的经济收入，可能会背弃自身的艺术追求，一味迎合市场，甚至积极参与到市场运作中，与艺术品经营者联手抬高艺术品的价格。这种只顾商业利益的短视行为不仅会让艺术家无法沉下心来进行创作，导致艺术品的艺术水准下降，降低藏家及市场对其作品的认可程度，影响自身的长远发展，还会严重扰乱艺术品市场的正常秩序，威胁到艺术品经营业的可持续发展。更严重的后果是，艺术家可能会受到资本的诱导而产生文化价值观的扭曲，这样不仅会给艺术品经营造成损害，甚至会危及整个国家及民族的文化安全。

而且，当下我国艺术品私下交易泛滥是艺术品经营业规范化发展的巨大障碍，大多数交易都是在艺术家家里或工作室进行的，买家往往能够凭借人脉用低于市场价格的价格收购艺术品，艺术家也能够绕开画廊或经纪人获得全部的销售收入，并且不用报税。据估算，私下交易达到了我国艺术品市场总交易规模的60%以上。私下交易在西方国家的艺术市场上虽然也存在，但规模并不像我国这样惊人。这一方面是受到我国传统艺术品交易方式的影响，同时也反映出我国艺术家经纪人意识的缺乏。在欧美艺术品市场体制成熟的地区，艺术品经营业中现代商业分工协作的意识强烈，知名艺术家都有自己的经纪人或代理画廊代为进行艺术品的市场交易，艺术家只需全身心投入艺术创作中。而我国很多艺术家还未形成这样的意识，自认为如果能省掉画廊和经纪人等中间环节，就可以避免与他人共享自己创作带来的利益，同时还能避免因成交记录存在而需要为艺术品的销售纳税，以此保证自身利益的最大化。

但实际上这种做法让艺术品交易成为没有保证、没有约束的灰色地带，无论是对艺术家本身还是藏家乃至整个艺术品经营业而言都是一种不可取的短视行为。于艺术家而言，过多参与市场运作会对他们创作心态产生很大的影响，让他们无法全身心投入艺术创作，也无法专注于自身审美水平及创作能力的提升，从而影响到他们作品的艺术水准及自身的职业发展。优质的艺术作品是艺术家赖以生存与发展的基础，是藏家持续投资艺术品的保证，更是艺术品经营业能够生生不息，长久发展的动力，因此只专注当前利益最大化的行为是本末倒置的。私下交易还会损害艺术品投资者的利益，由于艺术品本身的复杂性及专业性，很多对艺术品不在行的投资者如果选择直接与艺术家交易，可能会存在出高价却买到低品质艺术品的风险。而且私下交易的艺术品没有市场交易记录，其来源及真伪可能在之后得不到市场的认可，也让造假者能够有机会让赝品流入市场，从而增加藏家的投资风险。艺术品行业无法像其他现代产业一样实现透明与可追溯的运营，信誉得不到保证，正常秩序难以建立，市场风险加大，这样可能会吓退一些藏家与投资者，最终导致市场规模不断萎缩，走上逆发展的道路。

按我国税法相关规定，艺术家出售自己的作品，应按"劳务报酬所得"依法纳税，而税率则按照应纳税额的不同分为20%至40%不等。自2006年以来，我国开始实行年收入在12万元以上的需自行申报纳税的政策。我国很多艺术创作者的年收入远远超过这一标准，但私下交易的普遍存在，让我国在艺术品税收方面存在巨大缺口，缺乏中间机构的交易记录，再加上一些艺术家缺乏纳税意识，所以逃税在我国艺术行业时有发生。

因此，加快建设一个现代化的分工明确的运营体制是我国艺术品经营业加快行业成熟以及与国际接轨速度的最佳选择，艺术家应该与市场保持一定的距离，专心于创作，并且坚持自身的文化立场，给艺术品经营主体更多的信任，借助他们的资源将自己的作品及其背后的审美、文化价值带到更大的舞台上。

第三节　艺术经纪在艺术品经营业中的重要职能

经纪行为是一种中介行为，其目的是促进物主之间的交易。简单来说，经纪人就是介绍买卖双方交易，以获取佣金的中间商人。经纪人不一定是自然人，也可以是组织或公司。因此，艺术品经纪人就是促成艺术家和藏家之间艺术品交易的个人、组织或公司。从广义上来看，画廊、拍卖行都是从事艺术品经纪的机构，但在这里，我们主要讨论的是狭义上的艺术品经纪人或艺术品经纪公司。

艺术品经纪这一概念源自欧洲，因为欧洲艺术品市场萌芽较早，当市场规模扩大、参与度提高的时候，具备专业知识且人脉广泛的中间人就应运而生。经过几百年的发展，在西方艺术品经营中，艺术品经纪人这一职业已经非常成熟。其实我国在很早的时候也出现过类似的职业，唐宋时期就有从事书画中介服务的中间人，在当时被称为"牙人"或"牙侩"，他们往往是受权贵所托为其寻购书画。到艺术品市场繁荣的明清时期，出现了专门的艺术品商人，他们为艺术家提供生活所需的钱财，从艺术家手中购得艺术品，使其进入市场流通，从中赚取利润。就像今天的艺术品经纪人一样，他们还会受藏家所托为其鉴赏或代为收购艺术品。但是，纵观我国目前的艺术品经营，艺术品经纪行业虽然有了一些起色，涌现了一批优秀的艺术品经纪人，但与欧美经纪人行业相比，成熟度还有一定差距。在欧美国家，艺术品经纪人往往跟上层社会交往密切，能得到很多财富世家的信任，在这一点上，我国的艺术品经纪行业还是有很大差距的。

在过去，无论是西方还是我国，艺术品中间商由于追逐利润的本性而大多名声不佳，尤其是为文人、艺术家所不齿。艺术家杜尚就曾把画商比喻成"艺术家背上的虱子"，还补充说："虽说是有用的、必不可少的虱子，但毕竟是虱子。"往近了看，人们往往把20世纪70年代西方艺术品市场经历的一次大幅度价格波动归咎于艺术品经纪人的炒作，这种行为被看作是背离文化价值的。

近几十年，我国艺术品市场蓬勃发展，但艺术品经纪行业一直没有得到应有的重视。造成这一现象的主要原因：首先是观念上的问题，西方大多数投资人都愿意雇佣专业人士为自己进行理财与投资，而我国的投资者更倾向于依靠自己作出投资决定，不愿意为经纪人的经验买单，目前活跃在艺术品市场的大多藏家都持有这样的观念。其次，我国艺术品经营领域缺乏诚信机制，行业规范也不完善。在国外，经纪人就像律师或会计师一样需要挂靠在事务所或经纪机构之下，而经纪机构需接受政府工业贸易部和经纪人管理协会的双重监管，并由会计事务所管理财务。而我国在经纪人这一行业既没有形成一套完整且专业的流程，相关法规也一直不完善，现行的法规政策大多流于基础性的领域，细分性与专业性都有所欠缺。最后，我国艺术品经纪行业专业性有所欠缺，很多经纪人本身艺术修养不够，行业信息也都来自道听途说，而且急功近利，倾向于短期获利，但经营艺术品本身就是一种长期行为，短期投机不可取。

在我国艺术品市场的发展早期，艺术品经纪人更多是从事艺术品基金管理的业务，为个人藏家或收藏机构提供专业的投资与收藏建议，具体工作可能涵盖预算管理、藏品规划、藏品鉴定等环节，更多是充当艺术顾问的角色，但在国外，艺术品经纪人的市场参与度更高一些。随着我国艺术品市场与国际市场接轨程度的深入，艺术品经纪人在我国艺术品市场上参与度也有所提升，拍卖会上经常能看到熟悉的艺术经纪人的活跃表现，他们可能同时代表不同的藏家进行艺术品的购藏。这在一定程度上反映出我国艺术品经营业的逐渐成熟化。自2012年我国艺术品市场进入调整期，艺术市场的升值神话破灭，很多投机型藏家惨淡退场，能坚持下来的藏家越来越意识到在艺术品投资中专业知识与经验的重要性。当前国内房产和股票投资环境不理想，众多企业机构纷纷把投资目光转向了艺术品领域，这些企业作为外行想进入艺术品领域当然得依靠专业的经纪人或经纪公司为其出谋划策。再加上业内人士对于在我国建立一个完善的艺术品经营生态体系这一趋势上已经逐渐达成共识，这样一来，我国艺术品经纪人在艺术市场中的重要性逐渐突显，开始作为一个独立群体登上艺术品经营的舞台。

我国想要建立一个成熟的艺术品经纪行业，除了相关制度环境要跟上之外，艺术品经纪人也要不断提升自身的专业素养。要成为一名合格的艺术品经纪人需要具备多方面的综合素质，首先需要具备较强的艺术品相关的专业知识，对艺术史及艺术品的鉴赏知识了如指掌是艺术品经纪人的基本素养，他们还需具备较高的审美情趣，有一定的艺术批评能力，对艺术品有独特的见解及欣赏眼光。并且还要具备发现艺术家的独到眼光，能够敏锐地发现艺术家身上最具潜力的地方，有很多成功艺术家都是在艺术品经纪人的帮助下名誉全球、身价大涨。具备较好的文学、历史、哲学修养不仅有利于提高自身的审美能力，还能让自己与藏家及艺术家进行更深入的交往。除此之外，艺术品经纪人还应具备出色的商业能力，包括对市场和经济规律的了解，能够较为精准地对市场变化做出判断，根据市场需求制定合适的商业战略，同时还需具备丰富的实战经验，能够很好地将理论与实践结合起来。成功的艺术品经纪人通常具备出色的人际交往能力，并且在学界、业界、藏家等各种圈层中拥有广泛的人脉。最重要的是，艺术品经纪人还需有良好职业道德与社会信誉，这样才能在行业内获得良好的口碑，得到更多藏家与艺术家的信任。

我国艺术品市场从兴起到蓬勃发展仅仅几十年时间，市场规模扩张的速度远远超过了秩序的建立，但是随着艺术品经营业的不断成熟，行业秩序也会不断建立，相信在不久的将来成熟的艺术品经纪人时代就会到来。

而艺术品经纪人肩负的责任也会越来越重,他们不仅要发掘新的艺术家,帮助他们成长,还要让更多的中国艺术品及其背后所蕴藏的文化价值走向更广阔的国际舞台。

第四节 艺术品经营业人才培养

艺术品经营业作为一个产业,有其完整的产业链和产业分工,除了作为源头的艺术创作,在艺术品的流通过程也就是艺术品经营中还涉及很多的环节,而这些环节都需要有专业的人才与之匹配,如画廊经理人、艺术品拍卖师、艺术品鉴定师、艺术策展人、艺术经纪人、艺术保险经理人等,行业的发展最终取决于从业人员的总体素质。因此,我们的教育应该为产业发展服务,与产业需求相匹配,为产业输送更多的专业人才。

虽然艺术专业在我国的教育体系中是一个传统专业,但长期以来,我国的艺术院校培养的主要是从事艺术创作或艺术理论研究的专业人才,而近年来我国艺术品经营业发展快速,产业内的各个领域都需要大批的专业人才,而在各艺术院校中专门为培养艺术品经营业各类人才开设的专业还很少,甚至没有,这说明目前的学校教育已明显滞后于产业发展了。目前我国艺术品经营业的从业人员往往是从其他专业转行过来的,真正的专门人才十分稀缺,很多人是懂业务但不懂艺术,或者懂艺术但不精通业务,知识结构存在缺陷。而且随着艺术市场与科技融合的不断深化,对艺术品经营的人才又提出了新的要求,如何打破"懂艺术的不懂技术,懂技术的不懂艺术"这一困境,更好地对接科技创新与文化产业的创新也是未来人才培养需要考虑的重点。

要改变现状,需要文化管理部门、艺术市场机构、学术界以及教育界共同努力,搭建一个培养艺术市场所需专业人才的平台。高校要充分利用从市场经营以及学术研究中得来的行业信息,开设相关专业,培养符合产业需求的专业人才。同时,艺术品经营业应该主动向艺术院校靠近,共同开展学术研讨、在职培训、合作办学、联合培养等多种形式、多个层面的合作。

此外,我们应该借鉴先进国家的艺术品经营业专业人才培养模式,包括教育层次、专业设置、课程设置、教学方法、与产业的互动方式等,尽快弥补人才缺口,实现与国际接轨。

第五节 艺术品经营中的价值取向

商品化发展让艺术品获得了更多的社会关注,但也在一定程度上引起了大众对艺术品价值的曲解。在社会美育不够充分的情况下,人们如果仅因为艺术品的高价交易而关注艺术品市场的话,很有可能会将艺术品的艺术价值与其市场价格混为一谈,使市场价格成为评判艺术品品质的唯一标准。这样一来,艺术品对于市场而言就只是资本增值的工具,其在艺术和文化方面的价值被严重低估甚至遭到了完全的忽视,投机主义充斥在艺术品的交易过程中,导致很多人盲目跟风参与到艺术品的投资中,最终催生出大量的市场泡沫,给投资者、艺术品市场都带来巨大的风险。因此,艺术品经营业在从事艺术品交易活动之外,还应意识到自身承担的社会美育职责,为公众树立一个正确的艺术价值观,这不仅有利于艺术品的大众化发展,激发更大的市场潜力,而且对于艺术品经营业的长远发展而言也是非常有必要的。

在我国艺术品经营业快速发展的时期,这一问题可能比较严重,但随着我国艺术品市场进入调整期,这一问题得到了一定改善。冷却的市场让投资者们也能够冷静下来,回归艺术品的本体价值及其背后所蕴含的文化价值。我国艺术品市场当前呈现出的高端艺术品投资市场与中低端艺术品消费市场都表现出快速发展的趋势,也在一定程度上反映了这种价值的回归。一方面,"掐尖"是我国高端艺术品消费市场当前的趋势,经典的艺术精品在拍卖市场上受到热捧,每隔一段时间就能出现一个"天价"艺术拍品,普通作品则无人问津,这体现出藏家对作品的艺术价值越来越看重。另一方面,大众艺术品消费市场的不断兴起,反映出我国民众的消费升级刺激了对文化艺术领域的需求，艺术品消费不同于艺术品投资，消费者更看重的是艺术品的审美价值，而非商品价值。

从更宏观的层面来看，艺术品经营背后蕴含着整个国家的文化及社会价值。一直以来，艺术品经营的话语权和定价权都是掌握在西方人手中，这导致我国艺术品经营（尤其是在当代艺术的领域）长期处于被动的地位，这给我国的文化及社会价值观带来了很大的风险。中国当代艺术在国际市场上受到追捧的背后，是带着西方观念和西方价值观的资本对我国艺术品市场的操纵。由于我国画廊业不够发达，而国外画廊在选择合作的艺术家时，更多的是从自身的审美及标准出发，而这些取向可能与中国传统的艺术标准和价值观有很大的出入。这样就会造成中国当代艺术在国际上的形象往往是符合西方审美及价值观的，并不能真正代表中国当代艺术的全貌。不符合西方评判标准的艺术家很难与国际画廊签约，这就导致很多年轻艺术家以参加西方主导的展览为荣，盲目附和西方认可的政治和文化价值，导致中国当代艺术本应拥有的文化精神被经济利益蚕食。艺术评论也被资本侵蚀，失去了独立性，从而给中国艺术品市场的文化价值带来了巨大的风险。2008年全球金融危机让原本炙手可热的中国当代艺术市场急剧降温，这一板块在2008年秋拍的流拍率高达50%。与之相对应的是中国书画板块的快速崛起，2009年春拍，香港苏富比中国书画专场成交率高达95.5%，成交金额也远远超出预期。自此之后，中国书画作品在国际上备受追捧，从而使中国艺术作品的定价权逐渐回到了国内。在法国艺术价格网统计的2012年艺术家作品年度成交排行前500位的榜单中共有201位中国古今艺术家入围，占总数的40%。在榜单前10位中就有张大千、齐白石、徐悲鸿、李可染、傅抱石5位艺术家。

表4-1　2012年全球拍卖额前10名艺术家

排名	艺术家	拍卖额（美元）
1	安迪·沃霍尔	329 963 430
2	张大千	287 223 639

续表

排名	艺术家	拍卖额（美元）
3	巴勃罗·毕加索	286 145 305
4	齐白石	270 195 309
5	格哈德·里希特	262 806 424
6	徐悲鸿	175 786 482
7	李可染	166 791 556
8	马克·罗思科	166 783 649
9	弗兰西斯·培根	153 089 002
10	傅抱石	152 071 133

数据来源：Artprice（全球艺术市场信息网）

由于我国艺术品市场在全球范围内占据着举足轻重的地位，全球艺术品交易中心也逐渐由西方向东方转移，中国艺术品经营业在全球范围内的影响力和话语权也在发生着根本性的改变，美国对我们采取加征关税的制裁行动并没有对我国艺术品在国际市场上的地位产生根本性的影响。

这些变化与我国文化价值观的不断觉醒有着紧密的联系，中国艺术品尤其是当代艺术品的价值正在重新回归中国传统文化与民族精神。当下中国艺术品市场中的古代及近现代经典力作持续升温，成交价"破亿"已是平常之事。这也反映出，只有坚持中国传统文化价值，中国艺术品才能在西方主导的全球艺术品市场中占据一席之地的同时，保持自身的独立性。聚焦中国文化价值，表达民族精神的艺术品不断受到市场的关注，不仅是中国艺术品市场的发展趋势，更是全球艺术品市场的发展趋势。

第五章 艺术品经营业的有效管理

第一节 艺术品经营业的政策法规和监管体系建设

一、艺术品经营业相关政策法规

从 20 世纪 70 年代起，我国政府出台了各项管理条例以及法律法规来规范和监管艺术品经营活动：文化部《关于加强国画展销、收售、出口管理试行办法的通知》（1979 年），国务院批转《文化部关于整顿国画收售混乱情况的报告》（1980 年），《中华人民共和国文物保护法》（1982 年，现已修正），文化部《文化艺术品出国（境）和来华展览管理办法》（1990 年，现已失效），文化部《关于加强引进外国艺术表演和艺术展览管理的意见》（1992 年），文化部《关于加强美术市场管理工作的通知》（1993 年，现已失效），文化部《文化艺术品出国和来华展览管理细则》（1993 年），海关总署《中华人民共和国海关对进口展览品监管办法》（1997 年，现已失效），文化部《涉外文化艺术表演及展览管理规定》（1997 年，现已修订），国务院《传统工艺美术保护条例》（1997 年，现已修订），国家工商行政管理局《关于加强美术展览活动广告管理的通知》（1998 年，现已失效），文化部、国家档案局《艺术档案管理办法》（2002 年），文化部《美术品经营管理办法》（2004 年，现已失效），文化部办公厅《关于开展艺术品鉴定管理试点工作的通知》（2013 年），文化部《艺术品经营管理办法》《关于贯彻实施〈艺术品经营管理办法〉的通知》

（2016年），《中华人民共和国文物保护法》（2017年第五次修正）等。除了这些针对性的政策法规外，还有一系列适用于艺术品经营，尤其是艺术品拍卖的相关法规政策：《中华人民共和国著作权法》（1990年，现已修正）、《中华人民共和国拍卖法》（1996年，现已修正）、《拍卖监督管理暂行办法》（2001年，现已失效）、《中华人民共和国著作权法》（2001年第一次修正）、《中华人民共和国拍卖法》（2004年第一次修正）、《著作权集体管理条例》（2005年，现已修订）、《拍卖管理办法》（2005年，现已修正）、《文物艺术品拍卖规程》（2010年）、《中华人民共和国著作权法》（2010年第二次修正）、《中国文物艺术品拍卖企业自律公约》（2011年）、《拍卖监督管理办法》（2013年第一次修订）、《文物艺术品拍卖从业人员职业守则》（2014年）、《文物艺术品拍卖标的审定指导规范》（2014年）、《中华人民共和国拍卖法》（2015年第二次修正）、《文化市场黑名单管理办法（试行）》（2016年，现已失效）、《网络拍卖规程》（2016年）、《拍卖监督管理办法》（2017年第二次修订）、《中华人民共和国电子商务法》（2018年）、《全国文化市场黑名单管理办法》（2018年，现已失效）、《拍卖监督管理办法》（2020年修订）、《中华人民共和国著作权法》（2020年第三次修正）等。

但是，面对越来越复杂的艺术品经营环境以及层出不穷的新问题、新状况时，这些法规政策要么效力不足，要么针对性不强，这就造成了我国艺术品经营业存在法律意识淡薄以及外部约束薄弱等问题。这不仅严重制约了行业的可持续发展，还危及了我国艺术品经营业在国际上的声誉。尤其是在大量资本推动市场快速发展时，缺乏针对性及规范性的政策法规会让我国艺术品经营业朝着越来越混乱的方向发展。因此，我们需要从艺术品市场的发展现状出发，在当前政策法规体系基础之上，建立一个符合艺术品市场发展规律、针对性强、可实际推行的政策法律体系，以保护相关主体的利益，保证艺术品经营业的健康长久发展。

为艺术品经营业建立一个完整的法律政策体系，要从《中华人民共和国拍卖法》以及《中华人民共和国文物保护法》等现有法律的补充与修订入手，从当前艺术品经营实践中出现的诚信缺失等问题出发，对现行法规的具体内容进行细化。明确艺术品经营过程中各个主体的准入条件和权责范围，并对违法行为制定具体的惩罚措施。相关部门要根据新修订的法律出台便于执行的具体政策方针，但要注意与其他部门之间的政策配合，尽量避免矛盾或重叠。

除此之外，还应该针对艺术品鉴定、艺术品经纪人、线上艺术品交易、艺术品金融以及艺术品保险等具体领域制定专门的法律法规，让政策法规尽量跟上艺术品市场的发展，这样才能让相关部门在处理问题时有法可依，避免因法律空缺而造成这些新兴领域的发展失控。

各地还应该在已有的法律法规基础之上出台一些符合当地实际情况的规范性政策，并通过一些行政上的奖惩措施来引导艺术品经营业在遵守法规政策的前提下，积极创新，勇于开拓，从而实现我国艺术品经营有序蓬勃地发展。

二、建立艺术品经营业信用管理体系

我国艺术品经营业受诚信缺失问题困扰已久，至今诚信危机仍是我国艺术品经营业发展中最突出的矛盾，严重制约着我国艺术品经营行业的发展。目前，我国艺术品经营业中的各个交易主体都存在不同程度的诚信缺失：艺术家虚假炒作、人为造市、不顾合同约束私下交易，画廊制假售假，拍卖公司假拍拍假，艺术品评论家和鉴定专家也受利益驱使在艺术品的鉴定和定价问题上弄虚作假，这些都可以归咎于我国艺术品市场诚信机制的缺失。

目前，诚信问题仅靠行业自律是很难解决的，除了健全相关法律法规之外，建立一个全面的征信体系来为我国艺术品市场的发展提供有力支撑，可能是我国艺术品经营业解决诚信问题的关键性举措。

在诚信体系的建设过程中，政府要积极发挥主导作用。文化部"诚信画廊"的评选和复查工作，表明了政府主管部门对诚信体系建设的决心和力度。中国拍卖行业协会《中国文物艺术品拍卖企业自律公约》的发布，表明了行业内部对于诚信建设的决心。此外，在买受人拖欠货款现象日益严重的情况下，中国拍卖行业协会文化艺术品拍卖专业委员会根据《中国文物艺术品拍卖企业自律公约》，在每年度的文物艺术品拍卖专项统计工作中要求企业报送客户违法违规行为的事实和千万元以上拍品的付款进度。对于前者，行业正在研究审核标准和使用制度；而对于后者，行业以每年在《中国文物艺术品拍卖市场统计年报》中发布的形式对客户信用形成间接的公示和制约，这也表明行业内部对于拍卖行业客户诚信档案制度的探索。

除此之外，诚信体系建设还应囊括艺术品市场的各个参与群体，形成一套行之有效、可持续发展的信用体系。因此，可以在文化主管部门的带领下，加强对艺术品经营业中各主体的信息备案，还要注重信息化建设，借助专业技术机构建立一个开放透明且实时更新的诚信信息共享平台，让失信行为无处藏身。

在诚信体系的建立中还需考虑加大奖惩力度。目前艺术市场失信行为普遍、各主体缺乏自律意识的一个很大原因是失信成本过低而利益诱惑又很大，因此增加失信成本也是建立诚信行业的关键如《艺术品经营管理办法》就将艺术品经营业中长期以来的制假售假、虚假鉴定、假拍、艺术品份额化交易炒作等"潜规则"列为违法行为，并明确了违规主体应承担的相应法律责任，成为艺术品市场诚信体系建设的强力支撑。同时，还可与金融、教育、交通等领域实现联动制裁，让失信者处处受限。

艺术品市场的信用管理是综合的管理体系，涉及法律、道德、管理、服务、信息等多方面的统筹规划，这不仅有待政府主管部门加大统合协调的力度，还要充分发挥协会、行业组织和民间组织对艺术品经营的监督作用。

三、建立艺术品科学评估体系

艺术品品质以及价格透明是建立信任的关键。根据希斯科报告的数据显示，87%的线上买家认为明码标价是其购买艺术品的一个重要考虑因素，并且有92%的线上买家认为艺术品的品质是他们选择在线购买艺术品的关键因素。

艺术品的定价与鉴定两大难题的存在加大了艺术品有效控制市场风险的难度，同时制约了保险、金融等辅助、支持和介入的力度。因此，建立艺术品鉴证公共服务平台是解决问题的关键。全国政协十二届三次会议第三次全体会议上，8位政协委员联名提出了《构建艺术品鉴证质量溯源体系，促进艺术品市场健康有序发展》的建议，建议"构建一个以科技鉴定为基础，以经验鉴定为借鉴，以标准计量为依据，以认证认可为手段，以检验检测为依托，以信息化为平台，并与国际通行规则相衔接的艺术品鉴证质量溯源体系"。

其中第三方鉴定机构的建立则是关键中的关键。我国在艺术品鉴定系统方面已有了一些推进。由中国艺术科技研究所和首都师范大学中国字画真伪鉴定技术研究中心共同合作的国家科研项目"书画真伪科学鉴定系统"于2007年获得文化部、科技部、财政部的批准立项。该项目力图通过科技检测和人文考订双管齐下的方式，努力使中国书画鉴定走上科学化、信息化的道路。自2008年正式启动实施以来，艺术品鉴定专业实验室、中国书画鉴定数据库已陆续建立，对新型高仿书画复制技术的针对性研究也有了一定进展，同时与多家相关单位多种形式的科研合作正在开展。但是第三方鉴定机构的发展还存在一定的困难，如鉴定专家的选择、鉴定评估程序的规范、团队维护和发展等，而如何在机制上保障团队专家的基本权益，同时保证鉴定团队的客观公正，如何切断鉴定机构与艺术品买卖双方的利益链条等，也是亟待深入思考的课题。

同时要依托新型技术手段来辅助科学评估体系的建立。可以利用大数据技术采集艺术品信息进行实名登记，实行艺术品身份证管理制度，建立一个公开可信的艺术品信息数据库，用户可以通过检索系统查询艺术作品相关资料，以此来对市场上流通的作品进行初步鉴别，还可以利用数据分析为用户提供相对客观的参考依据。区块链技术可以实现对交易记录的完整记录与保存，且具备无需中介、信息开放透明且不可篡改、数据安全以及成本低等优势。这就很好地解决了艺术品经营中出现的中介诚信、艺术品溯源、艺术家知识产权等问题，因此，这些技术的发展很有希望能够解决艺术品行业长久存在的痛点问题。但目前，如何将技术更好地融入艺术品经营过程中还有待进一步研究与实践。

第二节 艺术品经营业的行业自律和监督体系建设

行业自律主要包括两方面，除了对国家相关法律法规的遵守和贯彻之外，还应制定一些行业内部的规范及标准来约束自身的行为。而行业协会是帮助行业实现自律的关键组织，比如美国的艺术品经销商协会及评估师协会、法国的艺术画廊委员会、英国的伦敦艺术品经销商协会等，这些组织保证了艺术品行业的从业标准及操作规范，促进了行业内相互协作，有利于行业的健康发展。

由于艺术品经营行业存在专业门槛高、信息不对称等问题，单纯依靠国家或政府从法律层面来进行约束是远远不够的，法律制定者可能对行业内部规则不了解，导致相关法律触及不到行业的核心问题，或在执行层面存在障碍。因此，将画廊、拍卖行等法人形式的艺术品经营主体以及自然人形式的艺术品经纪人组织起来，成立相关的行业协会，作为第三方机构参与到监管体系的建设中来，由业内人士为行业制定规范及标准，及时沟通行业信息，才能更好地实现我国艺术品市场的治理。

由于拍卖业在我国起步早且发展快，早在1995年就经民政部批准成立了中国拍卖行业协会（简称中拍协），其成立初期的首要任务便是配合政府主管部门起草《中华人民共和国拍卖法》。自《中华人民共和国拍卖法》颁布实施后，我国新成立的文物艺术品拍卖企业如同雨后春笋，年拍卖成交额也跟着迅速提升。2000年，中拍协正式下发《关于成立中拍协文化艺术品拍卖专业委员会的通知》，中拍协艺委会应运而生，由此可见中拍协对文物艺术品拍卖的重视程度。成立至今，中拍协在我国艺术品拍卖业的发展中一直起着非常关键的约束作用，依据《中华人民共和国拍卖法》所赋予的职责，根据行业规则《中国拍卖行业协会章程》积极开展工作，努力为政府部门和会员单位服务，维护拍卖行业的合法权益，增强拍卖行业的凝聚力和自我保护、自我发展能力，发挥桥梁、纽带、协调、服务的功能，促进全行业经济效益和社会效益的提高。

2009年，由国家标准委员会、商务部牵头中拍协起草、发布的《文物艺术品拍卖规程》是我国文物艺术品市场的第一个规程，也是我国拍卖行业的第一个行业标准。作为对《中华人民共和国拍卖法》的补充，该规程对文物艺术品拍卖中的拍卖图录、委托竞投等重要术语做出了界定，规定了拍卖活动应当遵守的基本原则。标准中最为重要的内容，就是结合文物艺术品拍卖的实践，对拍卖程序中的拍卖标的征集、鉴定与审核、保管、拍卖委托及拍卖图录的制作、拍卖会的实施、拍卖结算、争议解决途径、拍卖档案的管理等主要环节作出了详细的规定，以便于拍卖企业直接依据标准开展经营活动，也能让拍卖当事方在积极参与拍卖的过程中维护自身的合法权益。

2011年6月中拍协正式发布《中国文物艺术品拍卖企业自律公约》，该公约是在中拍协艺委会2010年全体会议上提议，后经艺委会反复研究和讨论，在艺委会2011年年会上审议通过的。公约分4个章节，共26条，基本覆盖了文物艺术品拍卖业当前发展阶段中的突出问题，特别是针对"虚假鉴定""滥收费"以及滥用《中华人民共和国拍卖法》瑕疵不担保条款等不诚信行为制定了专门措施，要求公约成员单位"不于拍卖前向委托人收取任何费用"以及"承诺在接受委托时按照严格的程序审鉴委托作品，并与委托人约定拍卖标的争议处理程序。如买受人对竞得标的提出异议，积极协助买受人与委托人协商解决。"此外，超范围经营、出借（出租或转让）文物拍卖经营资质、拍卖出土（水）等国家禁止流通的物品、知假拍假、假拍、恶意竞争等问题在其中均有明确的体现。首批签署公约的拍卖企业有56家，这些企业的业务量占据了当时文物艺术品市场九成份额。2012年，全国拍卖业基本都能认真遵守《中国文物艺术品拍卖企业自律公约》，公约执行机构接到的有关投诉举报有十余件，比2011年减少一半。截至2013年7月10日，全国已有169家文物艺术品拍卖企业签署《中国文物艺术品拍卖企业自律公约》，全体签约企业均定期公布并在有关网站上进行标识明示。这些企业的诚信理念和良好行为对维护行业正面形象起到了积极作用,《中国文物艺术品拍卖企业自律公约》的权威性和社会效力不断提升。

相比艺术品拍卖业,画廊行业协会的发展要滞后得多,这与我国画廊业在整个艺术品经营中被边缘化、不受重视的发展状况有很大的关系。成立于2011年的北京画廊协会是我国第一个画廊行业协会,这主要是因为我国大多数艺术品经营机构都集中在北京,较早北京地区艺术品市场发展相对发达。同年,文化部发布了《关于加强艺术品市场管理工作的通知》,提出要推动艺术品行业协会建设,推进艺术品市场立法进程,并对艺术品经营单位的经营权限和所应承担的责任作出明确规定。2016年3月,文化部在《关于贯彻实施〈艺术品经营管理办法〉的通知》中再一次提出,要加强艺术品行业协会建设,特别是在艺术品市场较为发达的地区,要积极推动成立地方行业协会,鼓励和指导行业协会制定服务标准规范,宣介政策法规,加强行业自律,提高经营者诚信守法经营意识。行业协会要加强行业研究,开展行业培训,促进行业交流,维护行业权益,参与公共服务,探索开展信用评价,为行业发展营造良好环境。

目前,全国很多省市都已成立了当地的画廊协会或艺术品行业协会。各地画廊协会在文化行政部门的积极推动和指导下为促进行业发展作出了多方面的努力。自2012年起,在北京文化局和北京文化发展基金会的大力支持下,北京画廊协会主办了"北京画廊周"系列活动,意在推广普及艺术,培养民众的艺术素养。2020年5月,受疫情影响而推迟的"北京画廊周"作为国内第一批恢复的活动在北京798艺术区开幕,引领了北京乃至全国艺术品经营业的复苏。2020年2月,北京画廊协会还向全市画廊物业以及物业管理方发出公开函,呼吁他们为画廊减免停业期间房屋租金和物业管理费,以帮助目前基本处于停业状态的画廊渡过难关。除了整合资源、促进行业发展之外,北京画廊协会还协助文化部市场司制定并发布了《画廊行业经营规范》和《画廊从业人员行为规范》,首次全面规定了与画廊经营相关的行为规范,以解决目前国内画廊行业出现的一些问题,促进行业健康有序发展。

除了拍卖行业协会和画廊行业协会外，在全国多个省市还成立了艺术品行业协会，以促进整个艺术品经营行业的健康有序发展。如2006年成立的浙江省艺术品经营行业协会、2014年成立的福建省艺术品行业协会、2017年成立的广东省艺术品行业协会、2019年成立的上海市社会文物行业协会等。

就目前的情况来看，我国艺术品经营行业在行业自律方面已经有一定的成果，各行业组织正在发挥自身的职能，推进整体行业朝着规范健康的方向发展。随着我国行业协会与行政机关脱钩改革的推行，行业协会在规范行业发展方面的独立性增强，同时也加强了行业内部、各组织之间以及组织与社会之间的联系，承担起团体标准的制修订工作。

但至今全国性的艺术品行业协会尚未成立，目前已有的行业协会基本是针对某些地区或某些经营主体，无法代表整个行业的要求，缺乏宏观的发展视角。而全国性的行业协会不仅可以让全国范围内的艺术品经营者们拧成一股绳，起到一个更全面的规范监管与信息收集的作用，还能够超越地方行业利益的局限，从更长远、更宏观、更开阔的视角去规划和促进行业的发展。而且，全国性艺术品行业协会可以协助国内艺术品经营机构与国际上的经营机构以及国际艺术博览会沟通交流，帮助提升中国艺术品经营业在国际上的整体品牌形象。

全国性的艺术品行业组织还可以协助政府部门制定并监督落实有关艺术品经营的法律法规，倡导诚信经营，制定行业内部的执业标准及业务规程，并给出细化的实施准则及办法；对会员进行监督并鼓励各经营主体及从业人员实现自律管理，对违规违法的经营行为进行相应的惩罚，如将违反行业规则、不按合同条款进行交易或提供服务的拍卖行、画廊及艺术家列入"黑名单"并公示予以警告。同时，为艺术品经营主体及从业人员提供专业知识培训及资质认证服务，提高行业整体业务能力。收集行业信息，搭建全面且即时的数据库，推行艺术品交易信息的标准化登记和认证，方便查询经营主体及从业人员的交易行为及信誉记录，还可以提供开放的评价和举报平台，引导全行业共同贯彻执行艺术品相关标准，在行业内形成良好的自律效应。这样不仅能够增强社会对艺术品经营业的信任及信心，还能保障艺术品交易双方的合法权益，从而促进艺术品市场的健康有序发展。

第三节 艺术品经营业企业和机构内部管理

艺术品经营业的风险防范，不仅仅要靠政府的法律监管以及行业的规范管理，每一个市场参与主体的自我约束也同样重要。2016年3月，文化部《关于贯彻实施〈艺术品经营管理办法〉的通知》中就提到，要举办艺术品经营者培训班，宣讲管理政策，督促经营单位履行责任，提高守法经营意识。加强对艺术品经营企业的教育，能够让艺术品经营者切实认识到只有加强交易流程的规范性及合法性，完善自身的风控机制，在合理的条件下进行平台创新，提升自己的综合竞争力，才能在日趋激烈的竞争中立于不败之地。

艺术品经营主体无论大小，在经营管理过程中都需要意识到品牌形象的树立对自身发展的重要意义。也就是说各经营主体需通过提供的优质产品与服务获得消费者的认可，树立良好的品牌形象。对艺术品经营企业而言，良好的品牌形象无疑是重要的无形资产，对投资者而言就是企业所经营的艺术品品质及相关服务的信誉保证，是帮助企业与竞争者区分开来的利器。而任何不诚信行为，不仅会给其他参与者带来利益损失，加剧艺术品市场的混乱，同时也会阻碍企业自身的发展。一旦有了清晰的品牌意识，为了维持品牌形象，企业也会严格约束自身，加强经营的规范性和合法性。

艺术品市场是典型的"信心市场"，但在交易和投资活动中存在严重的信息不对称，风险较大，因此投资者和消费者更倾向于选择口碑较好、品牌成熟的艺术品经营主体合作。再加上艺术品本身就是一个投资周期较长的特殊商品，随着时间的推移回报成倍增长是行业常态，这就意味着艺术品经营一定要做长线规划。像苏富比和佳士得等国际知名拍卖行以及高古轩、卓纳等国际知名画廊，其优质的品牌形象体现了消费者对企业信誉的信任，这种无形的资产会随着时间变迁而不断增值，是企业长久经营的保证。而艺术家也会更愿意与品牌形象较好的艺术品经营主体合作，因此优质企业在挑选合作的艺术家及销售的艺术品时也会更有优势，从而形成良性循环。

目前，我国艺术品行业中也出现了一批像保利拍卖、嘉德拍卖等知名艺术品经营企业，但这样的企业在整个艺术品经营行业中还是少数，大多数艺术品经营者在管理中缺乏品牌及信誉意识，经营不规范，最终造成企业规模无法扩大，长远发展得不到保证，更不用说在国际艺术品市场中具备竞争优势。这也就造成了我国艺术品经营业集中度非常高的局面，排名前50的拍卖企业占据了90%以上的市场份额，其他经营主体如果想要在保证自身市场地位的同时有所发展的话，就必须调整经营理念，重视企业品牌在消费者心目中的地位，考虑到自身经营行为会对品牌形象产生的影响，因此，只有在严格遵守国家法规以及行业经营规范的同时，为顾客提供独特的优质服务和产品，培养忠实的客户群体，才能在激烈的市场竞争中保有长期发展的优势。

第六章 艺术品经营业的经验借鉴及展望

第一节 中国古代艺术品收藏和交易经验

从考古资料来看，我国最早的艺术品交易有可能出现在新石器时代后期，许多不属于玉石产区的地区出土了大量玉石，虽有可能是战争或移居的结果，也有可能是交换而来，至少说明市场的交换需求已经萌芽。

随着夏商周时代王权的初步确立，艺术品作为礼器获得了越来越高的关注，但也因此受到严格的等级观念的制约被禁止买卖，先前出现的艺术品交易萌芽受到严重压制，尤其是在西周时期，一度被完全禁止。直到西周中后期，周代政权的动摇才带来了市场管制的松动，早先被压抑的民间艺术品交易需求逐渐复苏。

到了春秋战国时代，将艺术品作为佩饰的需求日渐增长，同时人们对艺术品的经济价值及保值功能的意识也逐渐萌芽，艺术品交易兴起，这一时期的艺术品交易主要集中于珠宝及工艺品。

秦汉时期，艺术品交易市场进一步发展，艺术品市场相对独立的形态开始出现。交易品类变多，除了工艺品之外，书画交易初见端倪；交易方式也日渐丰富，除了等价交换之外，还出现了艺术创作干预权交易；人们对艺术品的需求从实用逐渐过渡到单纯的审美，但这一时期审美需求仍处于非常初级的发展阶段；从事艺术品经营的人数不断增加，艺术品经营走向了职业化发展的道路；除了民间参与之外，一些官员也参与到艺术品市场的活动中。这一时期的书法作品交易主要是为了满足人们阅读的实际需求，以"佣书"交易为主的初级书法市场兴起。绘画市场虽没有史料记载，但富贵人家住宅和墓室中的壁画，以及民间用来辟邪消灾的门神画都体现出绘画市场萌芽的迹象。

魏晋南北朝时期，虽然战乱纷纷、政局动荡，但也正是因为这样，艺术品市场有了自由发展的空间。书画交易市场进一步发展，除了满足人们阅读需求的"佣书"市场继续发展之外，单纯满足审美需求的书法作品"法书"的市场也应运而生。

唐代经济和社会的兴盛让艺术品市场空前繁荣，皇室对艺术品的追求也刺激了民间的需求。在书法市场上，出现了兼具"佣书"和"法书"市场特性的"润书"市场，即支付润笔费请书法家为自己书写所需的内容。传统的"佣书"已退居次要地位，而"法书"市场得到了进一步发展，"法书"作品的经济价值也逐渐得到认可，甚至能够拿到当铺进行抵押典当，艺术品的价值开始有了具体的衡量尺度，即市场价格。绘画市场上，"佣画"市场依旧繁荣，而且唐代艺术品市场受时代大环境的影响对外交流频繁，外国画师到中国来发展，中国画师也会去国外佣画。唐代之前，绘画作品受到材料的限制，不便于移动交易，因此绘画市场的发展相对迟缓。随着纸绢作为绘画材料在唐代普及开来，绘画交易才得到了进一步的发展，出现了专门出售绘画作品的场所和专门经营绘画的商人。与书法市场一样，绘画作品的商品属性日渐明朗，市场上开始出现了具体的价值评估标准，标志着我国艺术品市场逐渐成形。唐代张彦远《历代名画记》中就有记载："董伯仁、展子虔、郑法士、杨子华、孙尚之、阎立本、吴道玄屏风一片，价值二万金，次者售一万五千。"

宋代艺术品在整个社会都受到广泛喜爱，上至皇宫府衙，下至寻常人家，乃至饭店茶肆都以张挂书画作品为雅。由此，宋代也就成了我国艺术品商业化的关键时期。这一时期艺术品市场门类齐全，市场的成熟程度较之前有了很大的提升。北宋的汴梁市集，南宋临安的勾栏瓦子都出现了卖字画和年画的摊子，并逐渐兴起了一些主营书画作品的店铺。随着艺术品市场的逐渐发展，一些交易问题也开始显现，一些赝品在画作辗转买卖的过程中混入市场，这些作伪者水平都很高，给当时已颇具规模的艺术品市场造成了混乱。

到了元代，由于科举制度被废，大量文人士大夫事业受阻，只能靠创作书画作品谋生或通过作品来抒发心中的压抑情绪。因此，元代艺术品市场较宋代又有了进一步的发展，商业意识及市场观念越发渗透到艺术品的交易中，经济价值的高低在当时几乎成为衡量艺术作品艺术水平的主要标志。随着艺术商品化的深入，市场经济意识促使绘画价格在计量上有了更为精细的标准，除了艺术水平、艺术家名望等传统因素，画幅面积也逐渐成为确定作品价格的考量因素。

明代，工商业的发展让民众的物质需求得到基本满足，精神上的需求日益突显，这就推动了艺术品市场的继续发展，尤其到了晚明时期，商品经济空前繁荣，艺术品交易亦是如此，初步建立起了一个多样化、多层级的"市场化"体系，在中国艺术品经营业的发展进程中具有里程碑意义。这一时期，卖画取酬已经成为一种常态，独立的书画经营店在经济较发达的地区逐渐兴起，艺术品市场交易量庞大，公开交易日渐频繁，市场参与者规模不断扩大，专业化、职业化程度越来越高，市场活跃程度达到了前所未有的高度。

清代是我国古代艺术品市场（尤其是书画市场）发展的一个鼎盛时期。《中国绘画史》一书中提到，清代有记载的画家多达五六千人，比之前各代的画家总和还要多。书画交易的市场化程度不断提高，艺术品市场机制也不断完善，在南方逐渐形成了扬州与上海两个大的书画交易聚集地，北方市场则主要集中在北京，主营字画古董。这一时期还出现了一批专门倒卖书画古玩的商人，这些人通常有较高的艺术鉴赏能力，且与王公贵族、官员以及富商等高端客户交往密切，并经常辗转各地从事艺术品交易。

虽然我国艺术品交易从古代佣书佣画、艺术家与皇室或官宦富贵人家之间的固定交易，传统字画店、古董店的代售，发展到现在的展销、代理、拍卖等现代交易形式，本质上有了很大的区别，但对我国古代的艺术品交易方式进行系统深入的研究，不仅能为我国艺术品经营中现存的私下交易等问题找到历史根源，还能为我国艺术品经营业未来的发展提供一些能够借鉴的经验。

艺术品交易在我国已经有很悠久的历史，一开始除了专门负责艺术品征集购买的官方机构会从事艺术品交易之外，民间的交易主要是在藏家与艺术家之间直接进行，住所、茶肆、药铺、寺庙门口、画市、瓦市等都有可能成为艺术品交易场所。但自宋代以来，这种情况有所变化。据孟元老《东京梦华录》记载，北宋时，在汴梁相国寺殿后的资圣门前，就专门辟有买卖"书籍玩好图画"的店铺。明代中后期，北京、苏州、杭州等地，也都设有专门经营书画古董的场所，如北京的"城隍庙"就是专营书画古董的市场。清代至民国，有诸如北京"琉璃厂"、上海"老城隍庙"等都是书画交易的特殊场所。新中国成立后，私营古玩店铺逐渐合并，改为国家经营管理的文物商店或书画商店，正规的书画交易一般都在文物商店中进行。无论是古玩铺还是文物商店的书画交易，都是一对一的买卖关系。这种经营模式对我国当前的艺术品经营方式产生了很大的影响，当前仍有很多画廊还是延续了传统画铺代售艺术品的经营模式。

随着拍卖等现代艺术品经营方式的引进，我国传统艺术品交易形态发生了一定程度的转变，以现代拍卖行为主的二级市场发展迅速，在艺术品交易中占据了极大的市场份额，不断挤压一级市场的发展空间，导致艺术品投资门槛被拉高，市场参与度降低，中下层艺术品市场受到抑制，不利于整个行业的长远发展。

然而，在我国古代的艺术品交易中，艺术品中介发展还是比较成熟的，他们的存在往往能够降低艺术品投资的门槛，提高艺术品市场参与度。据记载，宋代就出现了一种特殊的交易中介人叫"牙侩"，书画则有"书画牙侩"。他们活跃在书画市场上，联系买主、卖主，协调书画价格，借此收取佣金。这类人专业性很强，有较强的艺术鉴赏能力，既是艺术品商人，也是艺术评论家。明清时期，随着艺术品市场不断繁盛活跃，伪作大量涌入市场，引起了一定程度的市场混乱。在这样的背景之下，专门的艺术品交易人应运而生，他们从文人、艺术家手中收购艺术作品，使其进入市场流通，从中赚取利润，很多时候，他们还会受藏家所托为其鉴赏或代为收购艺术品，由于当时江南地区物质文化繁荣，艺术品市场活跃，很多北方藏家会委托北方的艺术品交易人前往江南或直接在江南物色艺术品交易人为其收购书画。虽然当时的艺术品中介人由于其强烈的商人属性，而为文人藏家所不齿，再加上其中有些人为了追逐暴利而违背商业道德，损害了整个行业的形象，但他们的存在确实顺应了市场的需求，并在很大程度上推动了明清时期艺术品交易的繁荣。

第二节 欧美艺术品经营业经验借鉴

虽然西方艺术品交易的历史最早可以追溯到古希腊时期，但是现代意义上的艺术市场直到16世纪才在一些经济发达的城市出现。18世纪到19世纪，率先完成工业革命的法国和英国迅速成为全世界最主要的艺术品消费地，因此，巴黎和伦敦也就成了全球两大艺术市场中心。苏富比、佳士得两家拍卖公司相继成立，不仅助推了西方艺术品市场的发展，而且奠定了英国在全球艺术品交易中稳固的地位。20世纪30年代开始，经济大萧条与战争严重削弱了人们对艺术品市场的关注，艺术品投资遇冷。20世纪80年代，随着经济复苏，艺术品投资市场重新进入繁荣时期，美国和日本藏家对欧洲艺术的热情催生了西方艺术市场的价格神话。

20世纪全球艺术品市场最大的变动莫过于美国艺术品市场的快速崛起。20世纪初，纽约仅有的几家画廊基本都经营欧洲传统艺术作品，这一局面随着美国在经济上赶超欧洲而发生了巨大的变化。一战前，纽约就取代伦敦成为世界第一大金融中心，资本市场的快速发展让美国迅速赶超英国成为全球第一大经济强国。美国艺术品经营业抓住了这一机遇，规模快速扩大，国际地位也得到了巨大提升，颠覆了长期被视为"文化荒漠"的形象，纽约也取代巴黎和伦敦成了新的艺术市场中心。直至今日，美国仍是全球最大的艺术品交易中心，2019 年美国艺术品交易额较 2018 年虽有所下降，但是仍占全球艺术品市场交易总额的 44%。美国艺术品市场的发展除了受到经济因素影响之外，完善的艺术品市场支撑体系（如为藏家提供专业知识的机构和个人以及相关服务如艺术品保险、艺术银行、评估和鉴定、保存保管设施等）以及成熟的商业运作模式与政府的优惠政策都是美国艺术品交易蓬勃发展的前提条件。

美国艺术品交易在一定程度上延续了欧洲的传统模式，艺术品经营主体主要是由画廊和拍卖行组成，其中画廊是一级市场，主要负责艺术品的日常交易，以满足客户消费收藏的需求，拍卖行是二级市场，专职于少量精品的艺术品交易，用于满足客户的投资收藏需求。欧美艺术品市场的特点基本是以画廊等私人销售市场为主，拍卖行为辅。以画廊为主的经销商由于其交易的稳定性、直接性、长期性占据着大部分的欧美艺术品市场。这与我国艺术品市场上拍卖行占据绝对主导地位的现状明显不同。

美国拥有全球最大规模的画廊业，整个美国地区大概有一万多家画廊。通过对其中一些优秀画廊的经营管理方式进行分析，就会发现这些画廊虽然在定位和经营方式上有着各自的特点，但他们仍有很多共同的优点值得我国的画廊借鉴：信誉至上的原则和诚信的经营方式，准确的自身定位和目标市场的细分，统一行业规范和经营准则的监督，长远的眼光和强烈的自我包装宣传意识，高素质的专业经营管理团队，周到人性化的服务等。这些都是成功画廊所具备的优秀品质，我国画廊业如果想要改变现状，除了克服大环境的不利因素之外，还应从自身找原因，不断提高自身在行业中的市场竞争力，从而找回在艺术品市场中应该有的地位。

虽然美国政府对艺术品市场干预较少，相关法律基本也只对美国原住民、博物馆或受政府机构资助的文物或考古资料进行管控，对私人艺术品交易不予干预，但很早就成立了相关的行业协会，艺术品经营行为由行业内部进行管理与约束。美国画廊协会成立于 1962 年，其对申请加入会员的画廊考察非常严格，强调诚信是最重要的考察要素，且必须具有至少 5 年的从业经历，而且还应在其经营的艺术领域具备专家般的素质并对社会文化做出过实质性的贡献。画廊协会还在自己的网站上详细地介绍了艺术品经纪人的职能，以及如何通过经纪人购买和出售艺术品，为潜在的投资者提供了可靠而又完备的指导服务。这样的画廊协会对整个画廊业甚至艺术市场都可以起到监督和规范的作用。

正如研究员西沐所说，在西方艺术品市场交易过程中，市场经营体系中由画廊、拍卖行以及博物馆共同构建的"金三角"比较完善，运营也规范有序，保障与支撑了艺术品市场的均衡、有序、规范与持续运营。博物馆、美术馆以及基金会等非营利机构是美国成熟的艺术品生态链上的重要一环，它们是美国艺术生长的主导力量，成就了美国的艺术品市场全面均衡的发展现状。这些机构的发展离不开美国完善的艺术品捐助免税政策，按照税收政策，资助非营利艺术机构的纳税人的缴税金额会得到很大程度的减免，而且这一政策并不限于联邦政府，州一级政府往往会提供更大的优惠政策，鼓励民众及公司进行艺术品投资，极大地提高了艺术品市场参与度，在营造浓烈的艺术追求氛围的同时，保证了艺术品市场的活力。而在我国的艺术品经营中，除了画廊业被边缘化之外，博物馆等非营利艺术机构的发展与欧美国家相比也显得非常薄弱，这一局面在很大程度上是由于我国艺术品捐赠制度的不完善所导致的，主要体现在：（1）艺术品捐赠免税额度低。对比国际通行的捐赠免税政策，我国的艺术品捐赠免税额度通常维持在个人所得税应纳税所得额的30%、企业所得税应纳税所得额的12%的额度，超过部分不予抵扣；（2）接受捐赠的主体如博物馆、美术馆、艺术基金会等缺少确权登记。这些都导致我国的艺术品捐赠途径狭窄，企业和个人的捐赠热情不高，从而制约了我国非营利艺术机构的发展。

而且，在欧美地区，艺术品资产化的发展也较为成熟。从20世纪80年代开始，艺术品市场的复苏带来了艺术品投资的兴起，艺术品成为除股票、房地产之外的第三类投资。艺术品与金融业的融合形式多种多样，如艺术品基金、艺术品质押贷款及艺术品租赁等。美国在这一领域也处于全球领先的地位，纽约是全球最大也是最成功的艺术金融中心。数据显示，美国专门从事艺术品融资业务的金融机构和艺术品鉴定评估机构数量众多，早在2012年，美国艺术品融资的市场规模就已超过70亿美元，单笔艺术品质押贷款额度在25万美元到1亿美元之间，贷款期限最长达5年。欧美国家发达的艺术品金融业建立在完善的法律监管制度和专业操作流程的基础之上。比如，美国艺术品金融更多是基于贷款人的信誉，而非艺术品，并且有专家团队进行风险管理，规模较大。这说明，如果在制度完善且管理严格的情况下，艺术品金融风险是可以控制的。我国在艺术品金融创新方面虽屡有突破，但相应的法律监管体系还不够完善，可以从美国等国家的相关法律政策的制定中获得一些启发。而且与欧美国家相比，目前我国艺术品市场与金融业的融合方式还不够成熟，而欧美艺术品市场已经形成了一整套完备的机制，打通了金融和艺术品市场发展的关键通道，使西方艺术品市场长期处于良性循环和螺旋式上升的状态，我们也可以将他们的成功经验与我国的实际情况相结合，从而找到一条适合我国艺术品金融的发展之路。

  国家的税收政策与艺术品市场的活跃程度有着非常直接且关键的联系。税收比例的提高会直接抑制艺术品市场的投资需求，而降低税收就会激发艺术品市场的活力。税收政策可能也会影响人们选择交易艺术品的地方，因此税收政策越有利于交易的地区艺术市场越活跃。英国自1994年起开始对艺术品进出口采取零关税政策，但需要征收5%的进口增值税，以非营利为目的的艺术品进口免征增值税，由此，英国成为世界上第二大艺术品交易国，欧盟及其他国家都愿意在英国境内进行艺术品贸易。而美国在艺术品税收方面的政策更为宽松，除了近几年中美贸易摩擦中针对中国艺术品加征了关税之外，美国针对艺术品进出口一直都是零关税政策，而且也不同于很多会对艺术品收取增值税的国家，美国对艺术品不收取增值税，而是将其视作资产对境内的艺术品交易行为征收资本利得税及消费税，再加上配套的艺术品捐赠税收减免政策，这些税收制度让美国成为近几十年来全球最重要的艺术品跨境交易中心，大约占据全球艺术品30%的出口份额和38%的进口份额，再加上本土旺盛的艺术品购买力，使其稳坐全球艺术品市场的"头把交椅"。反观我国,虽然在艺术品关税方面已经作出了积极的调整,从最初的12%经过多次调整到了目前的1%,但居高不下的进口增值税才是我国艺术品经营业发展的最大税收障碍,按照我国的税收政策,艺术品进口到我国即使不进行交易,也需要缴纳高达17%的增值税,这在很大程度上抑制了我国艺术品市场的活力,也让我国在艺术品贸易方面处于不利地位。因此,我们应该向欧美国家学习,减轻艺术品经营业的税收压力,特别是进口税收壁垒,这是促进我国艺术品经营业扩大发展,促进艺术品国际贸易的必由之路。

第三节 全球化背景下的艺术品经营业展望

一、艺术品经营业与科技的融合既是机遇也是挑战

互联网商业的发展让很多传统产业经历了重新洗牌,我国搭乘互联网技术的快车在很多领域都实现了对欧美地区的超越,因此我国艺术品经营业也应该抓住这一发展机遇,调整自身的发展战略,在全球行业中找到自己的位置。

在互联网经济规模不断扩张的时代,网络化成了未来发展的必然趋势,各行各业似乎都将其视作实现自身优化拓展的不二选择,无论是行业还是个人都在努力寻找自身与网络技术结合的突破口,以获得突破性发展。在新的技术帮助下,很多行业实现了颠覆性变革,行业格局也被打破重组。2020年,突发的新冠肺炎疫情让大多数线下行业都被迫按下了暂停键,但同时也给了这些行业探索新发展的机遇。原本严重依赖线下展示、体验与交易的艺术品经营业同样陷入了困境。在此之前,线上交易的往往是中低端艺术品,买家凭借自身喜好与经验作出购买决定,购买意图也主要是用于消费,高端艺术品投资几乎完全是在线下进行,因为艺术品真伪及品质对艺术品的价值起着决定性作用,赝品或临摹作品与真品价格相差甚远,因此,高端艺术品对线下体验的依赖程度非常高。艺术品经营网络化不能仅仅是形式主义,它势必会对整个行业的现有格局产生重大影响,

因此关键是要找到行业特性与互联网技术的最佳结合点。

目前，随着我国互联网消费的不断深入，线上展示、交易与支付已成常态，我国艺术品线上交易也呈现出快速发展的态势，为艺术品经营提供了新的发展思路与空间，对于线下发展空间受到挤压的传统画廊而言更是如此。科技的发展让艺术作品的线上展示变得越来越接近真实，如果未来VR等技术在实际运用方面有了进一步突破，艺术品的线上体验会越来越接近线下。线上艺术品交易平台不受时间、空间的限制，理论上来说，可以向无限的用户展示无限的产品，而且还没有线下画廊需承受的场地成本压力。线上平台不仅仅是艺术品的展示平台，它还具备一个非常强烈的互联网时代的属性，就是为用户提供一个沟通交流的平台，这种交流互动可以增强买家与艺术家以及买家与平台之间的信任，除了能够促成交易还能帮助培养长远的购买习惯，增强用户黏性。

随着移动通信的发展，移动端已经成了新的商业接入口，微画廊的诞生代表艺术品经营业在进行移动端运营的尝试，这种新的运营模式是符合当前生活节奏快、信息碎片化的时代特征的。通过微信小程序接入画廊的展示宣传页面，让人们在零碎时间也可获得艺术品相关资讯，欣赏喜欢的作品，并且关注自己喜欢的艺术家。虽然这一模式离成熟可能还有很长的路要走，但至少是一个有意义的尝试。

随着艺术品线上模式的发展，艺术品数据化也提上了日程，这一发展对于解决艺术品经营中鉴定与估价两大难题有着非常重要的意义。艺术品市场参与者可以积极配合技术平台完成艺术品信息采集，给艺术品进行编码以便于实行"身份制"管理，为艺术品提供一个更可靠便捷的溯源途径，可以很好地打击赝品的流传。同时，还会有很多专门提供艺术品交易信息的平台，通过收集分析艺术品过往交易记录，可以为艺术品估价提供一个真实有效的参考。

与科技的融合也会为艺术品金融服务与产品创新提供更多的可能性，新的业态将会不断涌现。在大数据技术的辅助之下，金融产品服务的对象会更为精准，提供的服务也更为个性化、多样化。同时，第三方支付、数字资产及区块链等技术可以为艺术品金融业营造一个更可靠的投资环境。

科技的进步会促进业态的进一步优化调整，创新的交易模式与金融服务会不断涌现，这对于艺术品经营业而言是未来发展的新机遇，同时也对监管及相应的配套服务体系提出了新的挑战。当前艺术品电商平台交易模式创新及文交所金融服务创新所带来的问题还未得到妥善处理，随着新技术的诞生，新结合模式的出现，新问题也会随之而来。因此，我国只有先行妥善处理好可能会存在的风险，才能抓住技术创造的机遇实现艺术品经营业的进一步发展，为国际市场做出独特的价值贡献。

二、艺术品金融是艺术品经营业发展的新动力

在全球艺术品市场中，艺术品金融仍属于新兴领域，尚未形成成熟的发展模式，各国都仍在积极探索新的发展。我国艺术品金融起步虽然较晚，但在创新方面还是屡有成果，艺术品金融业的创新发展很可能是我国艺术品经营业创新的动力，而我国艺术品金融的创新可能会是推动全球艺术品资产化创新的重要力量。

经济的不确定性让资本从股票、房产开始转向艺术品市场，再加上我国高净值人群与新中产阶层的不断扩大，使得艺术品投资的社会关注度不断提高，对艺术品资产化的需求激增，这就带动了我国艺术品金融业的发展。近年来，国家对文化产业金融化发展也非常重视，发布了多项政策鼓励并加大金融业对文化产业的支持力度，未来会有更多资本及机构将注意力转向艺术品市场。

但是，艺术品金融不应该被视为一种获取短期回报的投资工具，短线投资的认知是艺术品市场泡沫产生的催化剂，增加了艺术品投资的风险，削弱了投资者对艺术品市场的信任，最终危害了艺术品经营业的长远发展。艺术品金融对整个艺术品产业链及艺术品经营生态都可以起到积极的作用。目前，我国艺术品经营业的发展仍然缺乏规范性，在诚信、定价及退出方面都存在一些问题，要解决这些问题，仅靠艺术品市场本身的力量是不够的，而艺术品金融就是可以依靠的新力量，资本的介入能够加速行业体制及规范的完善，帮助整个行业实现健康有序的发展。

三、艺术品消费的发展激发了更大的市场潜力

艺术品消费是艺术品大众化的一个重要途径。近年来，随着我国消费结构的不断升级，文化领域的消费比例大大提升，同时文化也成为国家战略中的重要组成部分，全国上下大力发展文化产业，再加上互联网技术的推动，艺术品从高端奢侈品成为大众消费的一个选择。这一点从最近举办的各大艺博会的参观人数及销售记录就可以得到验证，艺术品衍生品市场的日益壮大也从侧面反映出了艺术品消费市场的繁荣，大众艺术品消费时代已经到来。

而且，从当前的情况来看，艺术品消费不再仅限于低端市场，随着大众消费能力的不断提升，艺术品中高端化发展已经有了苗头。但与西方国家相比，我国艺术品消费市场仍有很大的发展空间。艺术品消费不仅与经济水平相关，还会受到需求主体的受教育程度、审美素养、消费观念及生活态度等多方面因素的影响。因此，随着社会美育的不断推进，大众审美素养得到提升的同时，也会激发更多的艺术品消费需求。

我国艺术品经营业在全球化背景下不断崛起也与我国艺术品消费能力的提升有着很大的关系，我国巨大的艺术品消费市场潜力不仅吸引了全球的关注，还帮助提升了我国艺术品经营业的国际地位。

随着中国经济转型、文化经济发展、大众消费升级，大众对高品质文化生活的需求只会越来越强烈，艺术品消费在未来或许会成为中国艺术品经营业发展的重要支撑力量，甚至会改变以收藏或投资为主的市场现状，从而形成一个具有广泛参与度的大众市场。

四、中国艺术品经营业不断走向全球艺术品市场的中心位置

近十年来，我国艺术品市场一直稳居全球前三的位置，我国艺术品经营业在国际化程度不断加深的过程中，一直在为全球艺术品经营提供新的发展思路、新的发展手段以及新的发展空间。于全球艺术品市场而言，我国艺术品经营业既是新的发展力量，也是强劲的竞争对手。于我国艺术品经营业而言，不断走向全球艺术品市场的中心位置，不仅是发展的需求，

也是重要的战略抉择。马斯特里赫特欧洲艺术和古董博览会（TEFAF Maastricht）2019年以中国艺术品市场为主题发布了年度报告这一举措就很好地验证了这一点，这是国际艺术博览会首次发布专门针对中国艺术品市场的研究报告，说明我国艺术品市场对国际市场产生的影响在不断扩大，中国艺术品经营业未来的发展在全球范围内也将受到越来越多的关注。

  我国艺术品行业的蓬勃发展离不开相关政策的支持。自从2009年我国出台了《文化产业振兴规划》以来，国家对文化产业日益重视，随后密集出台了多项有利于文化产业发展的政策，层次也越来越高，文化产业成了国家战略的重要组成要素。而且我国文化体制改革也不断深入，政府对文化产业的管理由"直接管理"向"间接管理"转变，国家开始培育具有发展后劲的文化产业，并出台多项政策来促进文化产业的发展。2017年国家出资300亿元扶持文化产业发展，并在发布的《文化部"十三五"时期文化产业发展规划》中为我国艺术品行业制定了明确的规划：到2020年，中国艺术品市场交易总额保持在全球前列，形成2~3家具有世界影响的艺术品产业集聚区，积极构建艺术原创、学术评价、艺术品市场互为推进的艺术品业发展体系。加强艺术品市场监管力度，建立健全集艺术品评估、鉴定、拍卖、展示、保险等服务于一体的艺术品交易全产业链。支持多种艺术形式、艺术风格、艺术流派创新发展，鼓励创作更多思想性艺术性观赏性俱佳的艺术品。加强艺术品市场需求和消费趋势预测研究，促进艺术创作与市场需求对接、与生活结合。推动画廊业健康发展，培育诚信画廊，扶持经纪代理制画廊等市场主体，引导、培育和建设艺术品一级市场。鼓励原创新媒体艺术发展。鼓励开发艺术衍生品和艺术授权产品，培育艺术品市场新增长点。中共中央办公厅、国务院办公厅印发的《关于实施中华优秀传统文化传承发展工程的意见》强调"推动中外文化交流互鉴。加强对外文化交流合作，创新人文交流方式，丰富文化交流内容，不断提高文化交流水平。"近年来，我国艺术品贸易的政策环境也在不断改善，我国多次下调艺术品进口关税，并在多地试点建立艺术品保税区。这些政策对我国艺术品经营的发展来说无疑是非常有利的信号，也让我国艺术品市场变得更包容、更开放。

在我国艺术品经营业发展的过程中，北京成了中国内地艺术品经营最为集中的地区，香港则作为我国艺术品贸易的港口发挥着连接内地市场与国际市场的重要作用。近年来，上海、深圳等地的艺术品市场也有了重大发展，多地相互呼应共同构成了更多元、更强大的中国艺术品市场。而从全球经济及文化的发展局势来看，中国引领亚洲区域的艺术品经营业复苏与整合是大势所趋。在"一带一路"倡议的不断实践中，我国与其他国家在文化产业方面的合作不断深入，不仅为我国探索文化类交易平台建设提供了机遇，积极推动了我国艺术品金融创新，还进一步扩大了我国在全球艺术品产业中的影响力。全球艺术品市场中心向东移是必然趋势，我国艺术品市场的巨大潜力与发展空间，无疑会吸引更多国际藏家的关注。如果多极化是全球艺术品市场未来的发展态势，那么中国必然是其中不可或缺的一极。

但是，当前全球艺术品经营业的价值体系还是由西方主导的，我国艺术品经营业在全球化的进程中，既需坚持不断觉醒的中国文化价值观，还需积极探索全球审美共识的建立。虽然当下中国古代及近现代经典力作市场表现不错，高价拍品频现，但藏家多为华人。我国艺术品经营业想要在西方主导话语权的国际艺术品市场中占据中心位置，就必须解答一个问题：如何能在保持自身文化独立性的同时将中国文化价值及民族精神推广到全世界，让聚焦中国文化价值、表达民族精神的艺术品不仅是中国艺术品市场关注的对象，更是全球艺术品市场的焦点所在。

我国艺术品经营业要在全球艺术品市场中抓住主动权，就必须在全球市场中找准自己的定位，并且积极参与到全球艺术品市场服务体系的建设中。这就要求我们从完善自身体制开始，强化市场诚信与监管，优化行业主体结构，强调理性发展，重视品牌形象，在不断增强自身竞争力的同时，重视与科技融合带来的产业与模式创新，为全球艺术品市场的发展提供强有力的支撑与源源不断的动力。

虽然我国艺术品经营业目前仍存在诸多问题，但国家、地方、行业都在积极参与制度与体系的建设与完善，相信随着我国艺术品经营业的法律体系、诚信体系、鉴证体系及金融体系的建成，专业化与职业化水平不断提高，我国艺术品经营业与国际接轨的程度也会更深入、更全面，从而让全球艺术品市场的参与者看到中国艺术品经营业强大的力量与无穷的潜力。全球艺术品市场正呈现出一体化的发展趋势，对正处于调整与转型期的中国艺术品经营业而言是机遇，也是挑战。只有在把握艺术品市场发展规律的同时，将我国不断提升的艺术品消费力转化为话语权与定价权，我们才能更主动、更积极地参与到全球艺术品经营体系的建设中，不断巩固并提升我国艺术品经营业在国际上的地位，最终实现弘扬中国文化的战略目标。

附 录

1. 行业相关统计数据

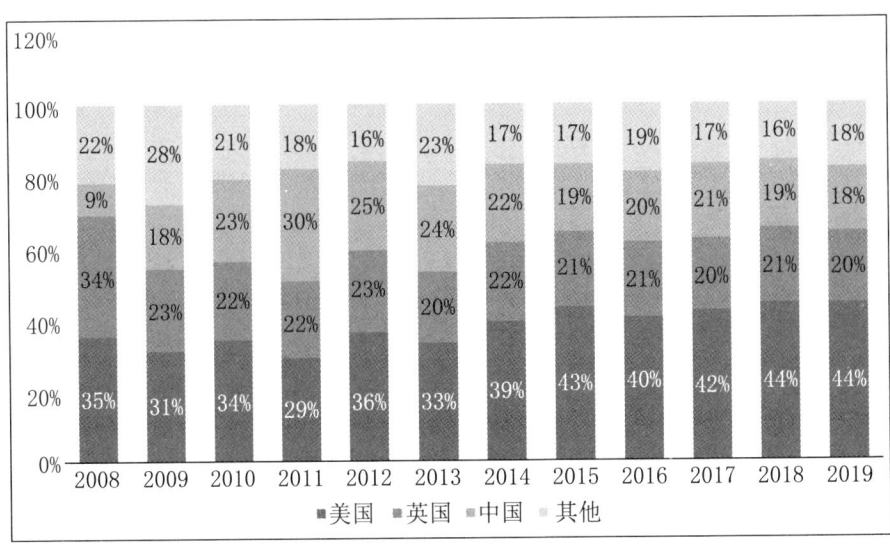

数据来源：公开资料整理

图1　2008~2019年全球艺术市场销售占比

表1　2019年文物艺术品拍卖总成交额地理分布

国家	总成交额（美元）	总成交量（件）	最佳成交结果（美元）
美国	4 613 929 700	99 095	110 747 000
中国	4 101 689 400	66 106	38 850 000
英国	2 175 511 300	70 319	49 561 790
法国	826 633 100	82 016	26 777 270
德国	268 010 300	45 741	3 535 930
意大利	207 755 200	30 436	3 055 400
日本	110 644 500	14 559	1 265 830
瑞士	104 839 500	9862	3 428 320
奥地利	99 364 700	6985	1 969 000
澳大利亚	74 476 700	13 939	1 302 650

数据来源：《2019中国艺术品市场年度报告》

表2　2019年总成交额全球前10强拍卖行

排名	公司	成交金额（亿美元）	总成交量（件）
1	佳士得	36.48	15 320
2	苏富比	35.89	14 134
3	保利	6.17	4575
4	嘉德	5.88	8659
5	富艺斯	5.84	4613
6	华艺国际	2.03	1323
7	西泠印社	1.86	3941
8	邦瀚斯	1.70	8729
9	荣宝	1.50	2901
10	匡时	1.08	1209

数据来源：《2019中国艺术品市场年度报告》

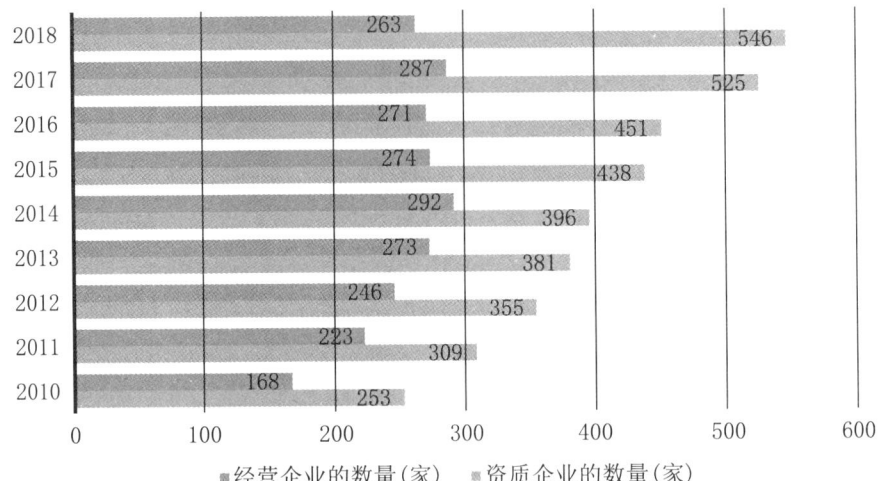

数据来源:《2018 中国文物艺术品拍卖市场统计年报》

图 2　2010~2018 年全国文物拍卖企业数量及开展经营企业数量

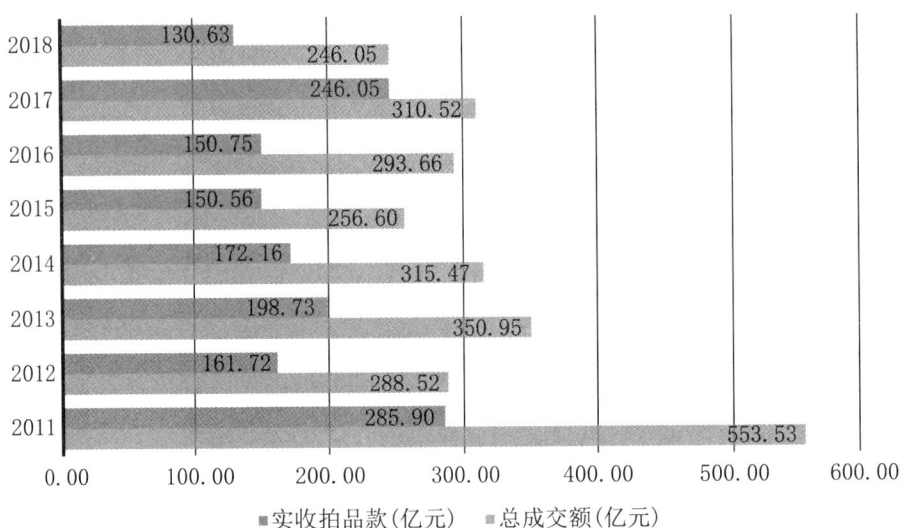

数据来源:《2018 中国文物艺术品拍卖市场统计年报》

图 3　2011~2018 年全国文物艺术品拍卖总成交额和实收拍品款趋势图

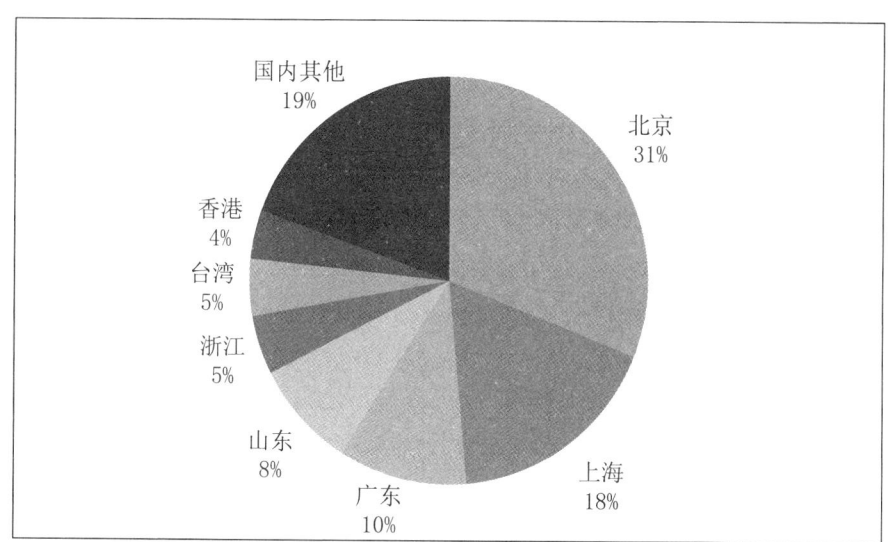

数据来源:《中国画廊行业调研报告（2017）》

图4　2017年全国各地画廊数量占比

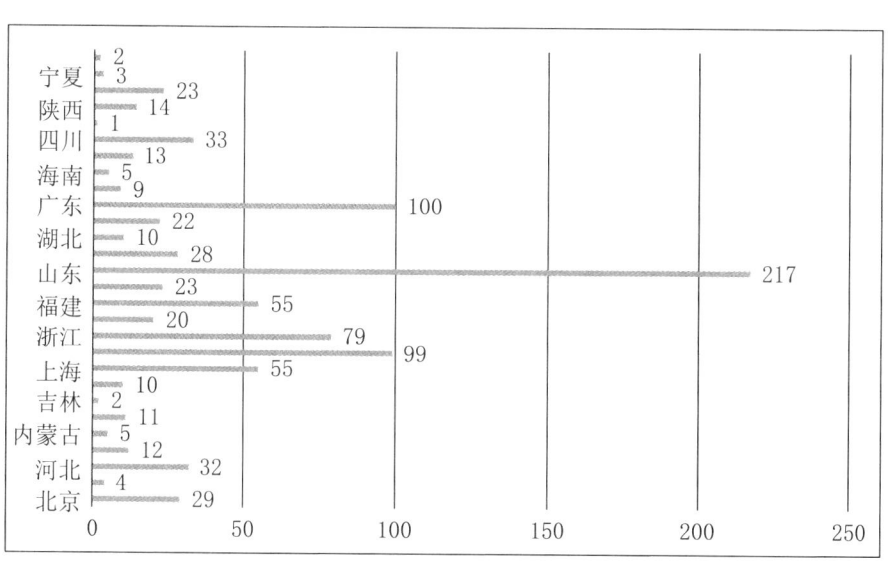

数据来源：中国社会组织公共服务平台，统计时间截至2020年9月30日

图5　全国以"美术馆"为名申请到"民办非企业单位"的数量（单位：家）

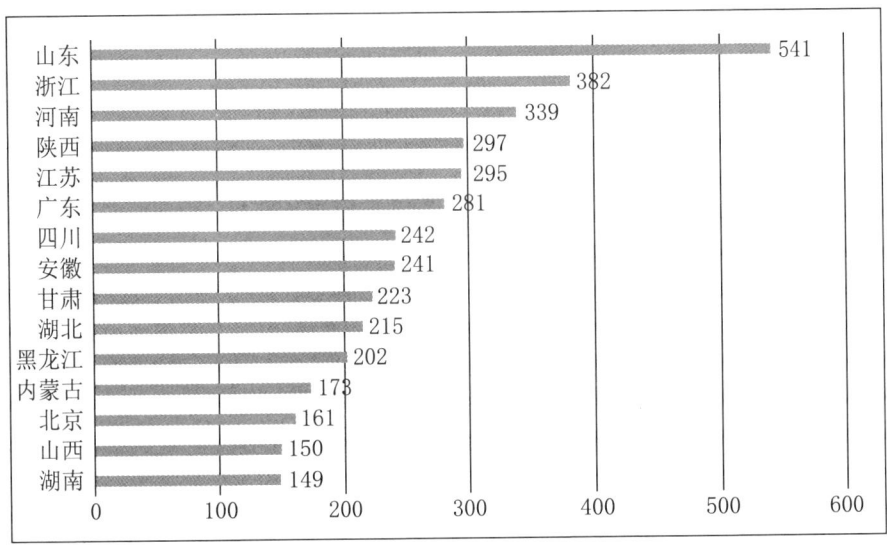

数据来源：国家文物局博物馆与社会文物司，统计时间截至2020年1月10日

图6　2018年全国各省市博物馆数量TOP15（单位：家）

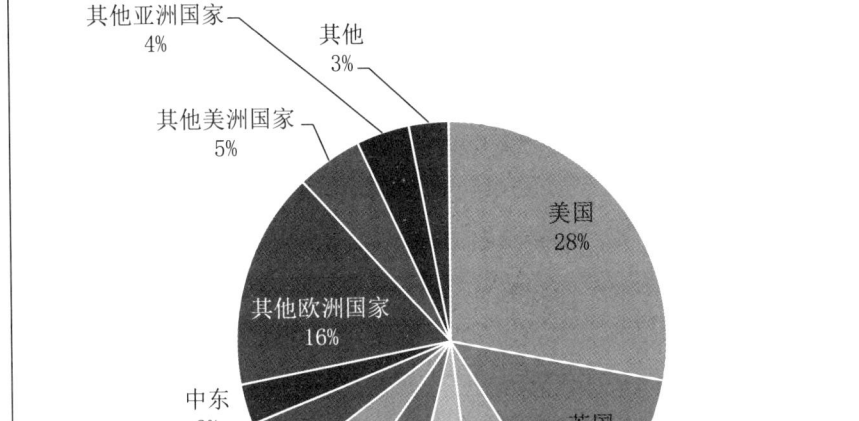

数据来源：《巴塞尔全球艺术市场报告2020》

图7　2019年全球艺术展会地理分布

表3 2020年胡润中国艺术榜TOP10

排名	艺术家	总成交额（万元人民币）	涨跌幅	年龄	出生地	现居地
1	崔如琢	33 665	-62%	76	北京	北京
2	刘野	33 108	416%	56	北京	北京
3	黄建南	20 288	3%	68	广东	北京
4	周春芽	16 538	-47%	65	重庆	四川
5	范曾	15 830	-33%	82	江苏	北京
6	冷军	11 913	—	57	湖北	湖北
7	曾梵志	10 889	-35%	56	湖北	北京
8	张晓刚	9213	-33%	62	云南	北京
9	朱曜奎	8589	46%	88	江苏	北京
10	刘小东	6841	119%	57	辽宁	北京

数据来源：胡润研究院，由中央美术学院国家艺术与文化政策研究所提供

2. 行业相关政策

艺术品经营管理办法

第一章 总 则

第一条 为了加强对艺术品经营活动的管理,规范经营行为,繁荣艺术品市场,保护创作者、经营者、消费者的合法权益,制定本办法。

第二条 本办法所称艺术品,是指绘画作品、书法篆刻作品、雕塑雕刻作品、艺术摄影作品、装置艺术作品、工艺美术作品等及上述作品的有限复制品。本办法所称艺术品不包括文物。

本办法规范的艺术品经营活动包括:

(一)收购、销售、租赁;

(二)经纪;

(三)进出口经营;

(四)鉴定、评估、商业性展览等服务;

(五)以艺术品为标的物的投资经营活动及服务。

利用信息网络从事艺术品经营活动的适用本办法。

第三条 文化部负责制定艺术品经营管理政策,监督管理全国艺术品经营活动,建立艺术品市场信用监管体系。

省、自治区、直辖市人民政府文化行政部门负责艺术品进出口经营活动审批,建立专家委员会,为文化行政部门开展的内容审查、市场监管相关工作提供专业意见。

县级以上人民政府文化行政部门负责本行政区域内艺术品经营活动的

日常监督管理工作，县级以上人民政府文化行政部门或者依法授权的文化市场综合执法机构对从事艺术品经营活动违反国家有关规定的行为实施处罚。

第四条　加强艺术品市场社会组织建设。鼓励和引导行业协会等社会组织制定行业标准，指导、监督会员依法开展经营活动，依照章程，加强行业自律，推动诚信建设，促进行业公平竞争。

第二章　经营规范

第五条　设立从事艺术品经营活动的经营单位，应当到其住所地县级以上人民政府工商行政管理部门申领营业执照，并在领取营业执照之日起15日内，到其住所地县级以上人民政府文化行政部门备案。

其他经营单位增设艺术品经营业务的，应当按前款办理备案手续。

第六条　禁止经营含有以下内容的艺术品：

（一）反对宪法确定的基本原则的；

（二）危害国家统一、主权和领土完整的；

（三）泄露国家秘密、危害国家安全或者损害国家荣誉和利益的；

（四）煽动民族仇恨、民族歧视，破坏民族团结，或者侵害民族风俗、习惯的；

（五）破坏国家宗教政策，宣扬邪教、迷信的；

（六）宣扬恐怖活动，散布谣言，扰乱社会秩序，破坏社会稳定的；

（七）宣扬淫秽、色情、赌博、暴力或者教唆犯罪的；

（八）侮辱或者诽谤他人，侵害他人合法权益的；

（九）违背社会公德或者民族优秀文化传统的；

（十）蓄意篡改历史、严重歪曲历史的；

（十一）有法律、法规和国家规定禁止的其他内容的。

第七条　禁止经营以下艺术品：

（一）走私、盗窃等来源不合法的艺术品；

（二）伪造、变造或者冒充他人名义的艺术品；

（三）除有合法手续、准许经营的以外，法律、法规禁止交易的动物、植物、矿物、金属、化石等为材质的艺术品；

（四）国家规定禁止交易的其他艺术品。

第八条　艺术品经营单位不得有以下经营行为：

（一）向消费者隐瞒艺术品来源，或者在艺术品说明中隐瞒重要事项，误导消费者的；

（二）伪造、变造艺术品来源证明、艺术品鉴定评估文件以及其他交易凭证的；

（三）以非法集资为目的或者以非法传销为手段进行经营的；

（四）未经批准，将艺术品权益拆分为均等份额公开发行，以集中竞价、做市商等集中交易方式进行交易的；

（五）法律、法规和国家规定禁止的其他经营行为。

第九条　艺术品经营单位应当遵守以下规定：

（一）对所经营的艺术品应当标明作者、年代、尺寸、材料、保存状况和销售价格等信息；

（二）保留交易有关的原始凭证、销售合同、台账、账簿等销售记录，法律、法规要求有明确期限的，按照法律、法规规定执行；法律、法规没有明确规定的，保存期不得少于5年。

第十条　艺术品经营单位应买受人要求，应当对买受人购买的艺术品进行尽职调查，提供以下证明材料之一：

（一）艺术品创作者本人认可或者出具的原创证明文件；

（二）第三方鉴定评估机构出具的证明文件；

（三）其他能够证明或者追溯艺术品来源的证明文件。

第十一条　艺术品经营单位从事艺术品鉴定、评估等服务，应当遵守以下规定：

（一）与委托人签订书面协议，约定鉴定、评估的事项，鉴定、评估的结论适用范围以及被委托人应当承担的责任；

（二）明示艺术品鉴定、评估程序或者需要告知、提示委托人的事项；

（三）书面出具鉴定、评估结论，鉴定、评估结论应当包括对委托艺术品的全面客观说明，鉴定、评估的程序，做出鉴定、评估结论的证据，鉴定、评估结论的责任说明，并对鉴定、评估结论的真实性负责；

（四）保留书面鉴定、评估结论副本及鉴定、评估人签字等档案不得少于5年。

第十二条　文化产权交易所和以艺术品为标的物的投资经营单位，非公开发行艺术品权益或者采取艺术品集中竞价交易的，应当执行国家有关规定。

第三章　艺术品进出口经营活动

第十三条　艺术品进出口经营活动包括：

（一）从境外进口或者向境外出口艺术品的经营活动；

（二）以销售、商业宣传为目的在境内公共展览场所举办的，有境外艺术品创作者或者境外艺术品参加的各类展示活动。

第十四条　从境外进口或者向境外出口艺术品的，应当在艺术品进出口前，向艺术品进出口口岸所在地省、自治区、直辖市人民政府文化行政部门提出申请并报送以下材料：

（一）营业执照、对外贸易经营者备案登记表；

（二）进出口艺术品的来源、目的地；

（三）艺术品图录；

（四）审批部门要求的其他材料。

文化行政部门应当自受理申请之日起5日内作出批准或者不批准的决定。批准的，发给批准文件，申请单位持批准文件到海关办理手续；不批准的，书面通知申请人并说明理由。

第十五条　以销售、商业宣传为目的在境内公共展览场所举办有境外艺术品创作者或者境外艺术品参加的展示活动，应当由举办单位于展览日45日前，向展览举办地省、自治区、直辖市人民政府文化行政部门提出申请，并报送以下材料：

（一）主办或者承办单位的营业执照、对外贸易经营者备案登记表；

（二）参展的境外艺术品创作者或者境外参展单位的名录；

（三）艺术品图录；

（四）审批部门要求的其他材料。

文化行政部门应当自受理申请之日起15日内作出批准或者不批准的决定。批准的，发给批准文件，申请单位持批准文件到海关办理手续；不批准的，书面通知申请人并说明理由。

第十六条 艺术品进出口口岸所在地省、自治区、直辖市人民政府文化行政部门在艺术品进出口经营活动审批过程中，对申报的艺术品内容有疑义的，可提交专家委员会进行复核。复核时间不超过15日，复核时间不计入审批时限。

第十七条 同一批已经文化行政部门内容审核的艺术品复出口或者复进口，进出口单位可持原批准文件到进口或者出口口岸海关办理相关手续，文化行政部门不再重复审批。

第十八条 任何单位或者个人不得销售或者利用其他商业形式传播未经文化行政部门批准进口的艺术品。

个人携带、邮寄艺术品进出境，不适用本办法。个人携带、邮寄艺术品超过海关认定的自用、合理数量，海关要求办理进出口手续的，应当参照本办法第十四条办理。

以研究、教学参考、馆藏、公益性展览等非经营性用途为目的的艺术品进出境，应当参照本办法第十四条或者第十五条办理进出口手续。

第四章 法律责任

第十九条 违反本办法第五条规定的，由县级以上人民政府文化行政部门或者依法授权的文化市场综合执法机构责令改正，并可根据情节轻重处10000元以下罚款。

第二十条 违反本办法第六条、第七条规定的，由县级以上人民政府文化行政部门或者依法授权的文化市场综合执法机构没收非法艺术品及违法所得，违法经营额不足 10000 元的，并处 10000 元以上 20000 元以下罚款；违法经营额 10000 元以上的，并处违法经营额 2 倍以上 3 倍以下罚款。

第二十一条　违反本办法第八条规定的，由县级以上人民政府文化行政部门或者依法授权的文化市场综合执法机构责令改正，没收违法所得，违法经营额不足 10000 元的，并处 10000 元以上 20000 元以下罚款；违法经营额 10000 元以上的，并处违法经营额 2 倍以上 3 倍以下罚款。

第二十二条　违反本办法第九条、第十一条规定的，由县级以上人民政府文化行政部门或者依法授权的文化市场综合执法机构责令改正，并可根据情节轻重处 30000 元以下罚款。

第二十三条　违反本办法第十四条、第十五条规定，擅自开展艺术品进出口经营活动，及违反第十八条第一款规定的，由县级以上人民政府文化行政部门或者依法授权的文化市场综合执法机构责令改正，违法经营额不足 10000 元的，并处 10000 元以上 20000 元以下罚款；违法经营额 10000 元以上的，并处违法经营额 2 倍以上 3 倍以下罚款。

第五章　附　则

第二十四条　本办法规定的行政许可、备案、专家委员会复核的期限以工作日计算，不含法定节假日。

第二十五条　本办法由文化部负责解释。

第二十六条　本办法自 2016 年 3 月 15 日起施行。2004 年 7 月 1 日公布的《美术品经营管理办法》同时废止。

文化部

2016 年 1 月 18 日

文化部关于贯彻实施《艺术品经营管理办法》的通知

各省、自治区、直辖市文化厅（局），新疆生产建设兵团文化广播电视局，西藏自治区、北京市、天津市、上海市、重庆市文化市场行政（综合）执法总队：

　　为贯彻实施《艺术品经营管理办法》（文化部令第56号，以下简称《办法》），切实加强艺术品市场管理，促进艺术品市场健康有序发展，现将有关事项通知如下：

　　一、高度重视艺术品市场管理。近年来，我国艺术品市场快速发展，市场规模、产品种类、经营方式不断拓展，日益成为大众文化消费的重要领域，在满足人民群众精神文化需求、提高国民艺术素养、促进文化产业发展等方面发挥越来越重要的作用。但是，艺术品经营中也存在制假售假、虚假鉴定、虚高评估、投机炒作等问题，艺术品电商、艺术品金融等新型业态亟待规范。各地要高度重视艺术品市场管理，认真贯彻实施《办法》，明确行业底线，强化主体责任，建立健全监管制度，加强内容监管，切实维护消费者合法权益，不断规范市场经营秩序。

　　二、明确管理对象，开展行业普查。《办法》所称从事艺术品经营活动的经营单位包括：艺术品收购、销售、租赁经营单位，艺术品拍卖企业、进出口经营单位、商业性展览企业、鉴定评估机构，利用信息网络从事艺术品经营活动的电商平台企业、租赁平台企业等，以艺术品为标的物的投融资企业（含艺术品基金、信托、艺术银行、交易所等），以及其他从事艺术品经营活动的单位。各地要以贯彻实施《办法》为契机，深入行业调研，开展行业普查，摸清行业底数，准确研判行业现状与趋势，不断提高行业管理能力。

　　三、规范审批备案工作。省级文化行政部门要按照《办法》规定的审批条件和时限，开展艺术品进出口经营活动审批工作，重新编订审批服务指南，并在办公场所及政府网站相应调整审批公示信息。县级以上文化行政部门要按照全部纳入管理视线的原则，全面开展艺术品经营单位备案工作，对已取得工商营业执照尚未备案的，要指导其依法履行备案手续。艺术品经营单位备案，应当提交营业执照复印件、法定代表人或者主要负责人身份证件并填写备案申请表（见附件），艺术品进出口经营单位备案还应当提交对外贸易经营者备案登记表。备案机关应当将备案信息录入全国文化市场技术监管与服务平台,并向申请人颁发备案证明。县级以上文化行政部门应当于 2016 年 9 月 30 日前完成对辖区内艺术品经营单位的备案工作。

四、建立专家委员会制度。省级文化行政部门应当建立专家委员会,为艺术品进出口内容审查及地方各级文化行政部门、文化市场综合执法机构对涉嫌含有禁止内容的艺术品的认定,提供专业意见。专家委员会应当广泛吸收文博、历史、艺术、法律等领域具有较高专业知识和技能的专家参加,人数原则上不少于 5 名(应为单数)。要加强对专家委员会的规范管理,采用聘任制,与专家签订协议,明确责任及规范。专家委员会不得面向社会开展有偿服务,专家委员会专家不得以专家委员会或者委员会专家名义,承担省级文化行政部门委托之外的项目。

五、推动建立健全经营规范。按照《办法》规定,督促艺术品经营单位落实明示担保和尽职调查制度,做到明码标价、信息全面真实、交易记录保存完整,保障消费者的知情权,促进公平透明交易。各级文化行政部门、文化市场综合执法机构要加强对将艺术品鉴定评估的管理,督促艺术品鉴定评估机构建立鉴定评估规范,做到程序合规、责任明晰、结论可追溯。

六、加强信用监管。加强艺术品经营单位一户一档管理,完善信用信息,积极探索对艺术品经营单位的信用监管,建立警示名单和黑名单制度,完善守信激励和失信惩戒机制,营造良好信用环境。要落实文化产品黑名单管理制度,将含有禁止内容的艺术品信息及时报送文化部。

七、加大案件查处力度。对艺术品市场实施全领域内容监管,合理配置管理和执法力量,加强日常巡查和随机抽查,广辟线索来源,及时查处违法违规行为,每年至少公布一批艺术品市场违法案件,加大对艺术品市场执法的考核力度。要以案说法,加强案件查办的宣传、培训,开展执法服务,定期向企业通报执法情况,明确监管底线,督促行业依法依规经营。

八、加强行业协会建设。各地特别是艺术品市场较为发达的地区，要积极推动成立地方行业协会，鼓励和指导行业协会制定服务标准规范，宣介政策法规，加强行业自律，提高经营者诚信守法经营意识。行业协会要加强行业研究，开展行业培训，促进行业交流，维护行业权益，参与公共服务，探索开展信用评价，为行业发展营造良好环境。

九、加强学习宣传。各地要及时举办管理与执法人员培训班，认真学习领会《办法》的立法精神及基本内容，确保培训到每一名文化市场管理与执法人员。要举办艺术品经营者培训班，宣讲管理政策，督促经营单位履行责任，提高守法经营意识。要通过举办艺术品市场法制宣传周、公益展览、政策咨询、专题讲座、艺术培训等活动，以及广播、电视、报刊、网络媒体等新闻媒体，加强对《办法》的宣传力度，提高《办法》的知晓率，使公众充分了解在艺术消费中应享有的权利，引导合理消费。

《办法》实施中遇到的重要情况和问题要及时报告上级。文化部2016年年内将对《办法》贯彻实施情况开展督查。

特此通知。

文化部
2016年3月24日

中国文物艺术品拍卖企业自律公约

第一章 总 则

第一条 为促进我国文物艺术品拍卖市场规范健康发展，执行"公开"、"公平"、"公正"和"诚实信用"的行业原则，维护行业形象，保护拍卖活动相关当事人的合法权益，根据《中华人民共和国拍卖法》、《中华人民共和国文物保护法》、《拍卖管理办法》、《文物拍卖管理暂行规定》等有关规定和国际通行惯例，针对现阶段行业发展中突出问题，制定本公约。

第二条 本公约遵循的基本原则是：遵纪守法、诚信透明、标准服务、公平竞争。

第三条 中国拍卖行业协会为本公约的发布机构；中国拍卖行业协会行业自律办公室和文化艺术品拍卖专业委员会（以下简称中拍协艺委会）为本公约的执行机构；各省（自治区、直辖市）拍卖协会为本公约的协助执行机构。

第二章 自律内容

第四条 自觉遵守国家、行业主管部门、行业协会有关法律、法规、行规，按照《文物艺术品拍卖规程》规范运作。

第五条 不超范围经营。

第六条 不将企业经营资质出租、出借或转让给其他机构和个人。

第七条 不拍卖国家禁止流通的物品。

第八条 不拍卖被盗或非法出境的其他国家文物。

第九条 不从事经营性鉴定业务。

第十条 不于拍卖前向委托人收取任何费用。

第十一条 不知假拍假。

第十二条 不以任何形式对拍卖标的进行虚假宣传。

第十三条 承诺在接受委托时按照严格的程序审鉴委托作品，并与委托人约定拍卖标的争议处理程序。如买受人对竞得标的提出异议，积极协助买受人与委托人协商解决。

第十四条 坚决杜绝"假拍"行为。

第十五条 向公约执行机构报送客户违规行为，并对被公约执行机构列入行业黑名单的客户，共同采取有效措施予以抵制。

第十六条 不以侵犯商业秘密权、欺诈性估价、恶意降低佣金、恶意诋毁等不正当手段进行恶性竞争。

第十七条 及时公布行业经营情况和有关数据，自愿接受媒体等社会各界的监督。

第三章 公约的执行

第十八条 公约发布机构负责组织实施本公约。

公约执行机构负责向公约成员传递拍卖行业管理的相关法规、政策及行业自律信息，并检查公约成员遵守本公约的情况。

公约协助执行机构在各自辖区内负责公约成员执行本公约的监督检查。

第十九条 中拍协艺委会委员单位自动成为本公约成员，其他开展文物艺术品经营的拍卖企业可加入本公约。

公约执行机构定期公布本公约的成员名单。

第二十条 公约成员违反本公约的，其他公约成员均有责任向公约执行机构进行检举，有权要求公约执行机构进行调查，执行机构应将调查结果和处理意见回复检举人，必要时应予公示。

第二十一条 公约成员违反本公约的，经查证属实，由公约执行机构视不同程度分别采取通报、取消公约成员资格、取消中拍协艺委会委员单位资格、取消中拍协会员（包括理事、常务理事、副会长）单位资格、取消拍卖行业资质等级、向各行政主管部门通报并提出处罚建议等方式予以处理。

第二十二条 非公约成员违反本公约的，本公约成员承诺采取一致行动对其进行谴责和抵制，必要时由公约执行机构直接向相关行政主管部门提出查处建议。

第四章 附 则

第二十三条 本公约成员均有权对公约执行机构执行本公约的合法性和公正性进行监督，有权向发布机构检举。

第二十四条 经发布机构或本公约十分之一以上成员提议，并经三分之二以上成员同意，可以对本公约进行修改完善。

第二十五条　本公约由中国拍卖行业协会负责解释。

第二十六条　本公约自公布之日起生效并实施。

中拍协艺委会
2011 年 6 月

博物馆条例

第一章　总　则

第一条　为了促进博物馆事业发展，发挥博物馆功能，满足公民精神文化需求，提高公民思想道德和科学文化素质，制定本条例。

第二条　本条例所称博物馆，是指以教育、研究和欣赏为目的，收藏、保护并向公众展示人类活动和自然环境的见证物，经登记管理机关依法登记的非营利组织。

博物馆包括国有博物馆和非国有博物馆。利用或者主要利用国有资产设立的博物馆为国有博物馆；利用或者主要利用非国有资产设立的博物馆为非国有博物馆。

国家在博物馆的设立条件、提供社会服务、规范管理、专业技术职称评定、财税扶持政策等方面，公平对待国有和非国有博物馆。

第三条　博物馆开展社会服务应当坚持为人民服务、为社会主义服务的方向和贴近实际、贴近生活、贴近群众的原则，丰富人民群众精神文化生活。

第四条　国家制定博物馆事业发展规划，完善博物馆体系。

国家鼓励企业、事业单位、社会团体和公民等社会力量依法设立博物馆。

第五条　国有博物馆的正常运行经费列入本级财政预算；非国有博物馆的举办者应当保障博物馆的正常运行经费。

国家鼓励设立公益性基金为博物馆提供经费，鼓励博物馆多渠道筹措资金促进自身发展。

第六条　博物馆依法享受税收优惠。

依法设立博物馆或者向博物馆提供捐赠的，按照国家有关规定享受税收优惠。

第七条　国家文物主管部门负责全国博物馆监督管理工作。国务院其他有关部门在各自职责范围内负责有关的博物馆管理工作。

县级以上地方人民政府文物主管部门负责本行政区域的博物馆监督管理工作。县级以上地方人民政府其他有关部门在各自职责范围内负责本行政区域内有关的博物馆管理工作。

第八条　博物馆行业组织应当依法制定行业自律规范，维护会员的合法权益，指导、监督会员的业务活动，促进博物馆事业健康发展。

第九条　对为博物馆事业作出突出贡献的组织或者个人，按照国家有关规定给予表彰、奖励。

第二章　博物馆的设立、变更与终止

第十条　设立博物馆，应当具备下列条件：

（一）固定的馆址以及符合国家规定的展室、藏品保管场所；

（二）相应数量的藏品以及必要的研究资料，并能够形成陈列展览体系；

（三）与其规模和功能相适应的专业技术人员；

（四）必要的办馆资金和稳定的运行经费来源；

（五）确保观众人身安全的设施、制度及应急预案。

博物馆馆舍建设应当坚持新建馆舍和改造现有建筑相结合，鼓励利用名人故居、工业遗产等作为博物馆馆舍。新建、改建馆舍应当提高藏品展陈和保管面积占总面积的比重。

第十一条　设立博物馆，应当制定章程。博物馆章程应当包括下列事项：

（一）博物馆名称、馆址；

（二）办馆宗旨及业务范围；

（三）组织管理制度，包括理事会或者其他形式决策机构的产生办法、人员构成、任期、议事规则等；

（四）藏品展示、保护、管理、处置的规则；

（五）资产管理和使用规则；

（六）章程修改程序；

（七）终止程序和终止后资产的处理；

（八）其他需要由章程规定的事项。

第十二条　国有博物馆的设立、变更、终止依照有关事业单位登记管理法律、行政法规的规定办理，并应当向馆址所在地省、自治区、直辖市人民政府文物主管部门备案。

第十三条　藏品属于古生物化石的博物馆，其设立、变更、终止应当遵守有关古生物化石保护法律、行政法规的规定，并向馆址所在地省、自治区、直辖市人民政府文物主管部门备案。

第十四条　设立藏品不属于古生物化石的非国有博物馆的，应当向馆址所在地省、自治区、直辖市人民政府文物主管部门备案，并提交下列材料：

（一）博物馆章程草案；

（二）馆舍所有权或者使用权证明，展室和藏品保管场所的环境条件符合藏品展示、保护、管理需要的论证材料；

（三）藏品目录、藏品概述及藏品合法来源说明；

（四）出资证明或者验资报告；

（五）专业技术人员和管理人员的基本情况；

（六）陈列展览方案。

第十五条　设立藏品不属于古生物化石的非国有博物馆的，应当到有关登记管理机关依法办理法人登记手续。

前款规定的非国有博物馆变更、终止的，应当到有关登记管理机关依法办理变更登记、注销登记，并向馆址所在地省、自治区、直辖市人民政府文物主管部门备案。

第十六条 省、自治区、直辖市人民政府文物主管部门应当及时公布本行政区域内已备案的博物馆名称、地址、联系方式、主要藏品等信息。

第三章 博物馆管理

第十七条 博物馆应当完善法人治理结构，建立健全有关组织管理制度。

第十八条 博物馆专业技术人员按照国家有关规定评定专业技术职称。

第十九条 博物馆依法管理和使用的资产，任何组织或者个人不得侵占。

博物馆不得从事文物等藏品的商业经营活动。博物馆从事其他商业经营活动，不得违反办馆宗旨，不得损害观众利益。博物馆从事其他商业经营活动的具体办法由国家文物主管部门制定。

第二十条 博物馆接受捐赠的，应当遵守有关法律、行政法规的规定。

博物馆可以依法以举办者或者捐赠者的姓名、名称命名博物馆的馆舍或者其他设施；非国有博物馆还可以依法以举办者或者捐赠者的姓名、名称作为博物馆馆名。

第二十一条 博物馆可以通过购买、接受捐赠、依法交换等法律、行政法规规定的方式取得藏品，不得取得来源不明或者来源不合法的藏品。

第二十二条 博物馆应当建立藏品账目及档案。藏品属于文物的，应当区分文物等级，单独设置文物档案，建立严格的管理制度，并报文物主管部门备案。

未依照前款规定建账、建档的藏品，不得交换或者出借。

第二十三条 博物馆法定代表人对藏品安全负责。

博物馆法定代表人、藏品管理人员离任前，应当办结藏品移交手续。

第二十四条 博物馆应当加强对藏品的安全管理，定期对保障藏品安全的设备、设施进行检查、维护，保证其正常运行。对珍贵藏品和易损藏品应当设立专库或者专用设备保存，并由专人负责保管。

第二十五条 博物馆藏品属于国有文物、非国有文物中的珍贵文物和国家规定禁止出境的其他文物的，不得出境，不得转让、出租、质押给外国人。

国有博物馆藏品属于文物的，不得赠与、出租或者出售给其他单位和个人。

第二十六条 博物馆终止的，应当依照有关非营利组织法律、行政法规的规定处理藏品；藏品属于国家禁止买卖的文物的，应当依照有关文物保护法律、行政法规的规定处理。

第二十七条 博物馆藏品属于文物或者古生物化石的，其取得、保护、管理、展示、处置、进出境等还应当分别遵守有关文物保护、古生物化石保护的法律、行政法规的规定。

第四章　博物馆社会服务

第二十八条 博物馆应当自取得登记证书之日起 6 个月内向公众开放。

第二十九条 博物馆应当向公众公告具体开放时间。在国家法定节假日和学校寒暑假期间，博物馆应当开放。

第三十条 博物馆举办陈列展览，应当遵守下列规定：

（一）主题和内容应当符合宪法所确定的基本原则和维护国家安全与民族团结、弘扬爱国主义、倡导科学精神、普及科学知识、传播优秀文化、培养良好风尚、促进社会和谐、推动社会文明进步的要求；

（二）与办馆宗旨相适应，突出藏品特色；

（三）运用适当的技术、材料、工艺和表现手法，达到形式与内容的和谐统一；

（四）展品以原件为主，使用复制品、仿制品应当明示；

（五）采用多种形式提供科学、准确、生动的文字说明和讲解服务；

(六) 法律、行政法规的其他有关规定。

陈列展览的主题和内容不适宜未成年人的,博物馆不得接纳未成年人。

第三十一条 博物馆举办陈列展览的,应当在陈列展览开始之日 10 个工作日前,将陈列展览主题、展品说明、讲解词等向陈列展览举办地的文物主管部门或者其他有关部门备案。

各级人民政府文物主管部门和博物馆行业组织应当加强对博物馆陈列展览的指导和监督。

第三十二条 博物馆应当配备适当的专业人员,根据不同年龄段的未成年人接受能力进行讲解;学校寒暑假期间,具备条件的博物馆应当增设适合学生特点的陈列展览项目。

第三十三条 国家鼓励博物馆向公众免费开放。县级以上人民政府应当对向公众免费开放的博物馆给予必要的经费支持。

博物馆未实行免费开放的,其门票、收费的项目和标准按照国家有关规定执行,并在收费地点的醒目位置予以公布。

博物馆未实行免费开放的,应当对未成年人、成年学生、教师、老年人、残疾人和军人等实行免费或者其他优惠。博物馆实行优惠的项目和标准应当向公众公告。

第三十四条 博物馆应当根据自身特点、条件,运用现代信息技术,开展形式多样、生动活泼的社会教育和服务活动,参与社区文化建设和对外文化交流与合作。

国家鼓励博物馆挖掘藏品内涵,与文化创意、旅游等产业相结合,开发衍生产品,增强博物馆发展能力。

第三十五条 国务院教育行政部门应当会同国家文物主管部门,制定利用博物馆资源开展教育教学、社会实践活动的政策措施。

地方各级人民政府教育行政部门应当鼓励学校结合课程设置和教学计划,组织学生到博物馆开展学习实践活动。

博物馆应当对学校开展各类相关教育教学活动提供支持和帮助。

第三十六条　博物馆应当发挥藏品优势，开展相关专业领域的理论及应用研究，提高业务水平，促进专业人才的成长。

博物馆应当为高等学校、科研机构和专家学者等开展科学研究工作提供支持和帮助。

第三十七条　公众应当爱护博物馆展品、设施及环境，不得损坏博物馆的展品、设施。

第三十八条　博物馆行业组织可以根据博物馆的教育、服务及藏品保护、研究和展示水平，对博物馆进行评估。具体办法由国家文物主管部门会同其他有关部门制定。

第五章　法律责任

第三十九条　博物馆取得来源不明或者来源不合法的藏品，或者陈列展览的主题、内容造成恶劣影响的，由省、自治区、直辖市人民政府文物主管部门或者有关登记管理机关按照职责分工，责令改正，有违法所得的，没收违法所得，并处违法所得 2 倍以上 5 倍以下罚款；没有违法所得的，处 5000 元以上 2 万元以下罚款；情节严重的，由登记管理机关撤销登记。

第四十条　博物馆从事文物藏品的商业经营活动的，由工商行政管理部门依照有关文物保护法律、行政法规的规定处罚。

博物馆从事非文物藏品的商业经营活动，或者从事其他商业经营活动违反办馆宗旨、损害观众利益的，由省、自治区、直辖市人民政府文物主管部门或者有关登记管理机关按照职责分工，责令改正，有违法所得的，没收违法所得，并处违法所得 2 倍以上 5 倍以下罚款；没有违法所得的，处 5000 元以上 2 万元以下罚款；情节严重的，由登记管理机关撤销登记。

第四十一条　博物馆自取得登记证书之日起 6 个月内未向公众开放，或者未依照本条例的规定实行免费或者其他优惠的，由省、自治区、直辖市人民政府文物主管部门责令改正；拒不改正的，由登记管理机关撤销登记。

第四十二条　博物馆违反有关价格法律、行政法规规定的，由馆址所在地县级以上地方人民政府价格主管部门依法给予处罚。

第四十三条　县级以上人民政府文物主管部门或者其他有关部门及其工作人员玩忽职守、滥用职权、徇私舞弊或者利用职务上的便利索取或者收受他人财物的，由本级人民政府或者上级机关责令改正，通报批评；对直接负责的主管人员和其他直接责任人员依法给予处分。

第四十四条　违反本条例规定，构成犯罪的，依法追究刑事责任。

第六章　附　则

第四十五条　本条例所称博物馆不包括以普及科学技术为目的的科普场馆。

第四十六条　中国人民解放军所属博物馆依照军队有关规定进行管理。

第四十七条　本条例自 2015 年 3 月 20 日起施行。

国务院

2015 年 2 月 9 日

参考文献

一、专著与期刊论文

[1] 刘翔宇:《中国艺术品交易机制研究》,人民出版社2018年版。

[2] 杨胜刚:《中国艺术品市场交易机制与风险管理研究》,北京大学出版社2020年版。

[3] 张长虹:《品鉴与经营:明末清初徽商艺术赞助研究》,北京大学出版社2010年版。

[4] 黄隽:《艺术品市场:消费与金融》,中国金融出版社2020年版。

[5] 云大慧、贾桂茹主编:《艺术品投资法律风险防范》,法律出版社2018年版。

[6] 马健:《艺术品金融——实践与探索》,经济管理出版社2018年版。

[7] 黄隽:《艺术品金融——从微观到宏观》,中国金融出版社2015年版。

[8] 周林:《艺术法:立法与实务》,知识产权出版社2017年版。

[9] 何建华、陈志强主编:《艺术市场大趋势》,上海社会科学院出版社2019年版。

[10] [英] 詹姆斯·古德温:《国际艺术品市场》,敬中一、赖靖博、裴志杰译,中国铁道出版社2010年版。

[11] 苏茂林、白中英、武丽丽:"国家文化安全研究:20年回顾与展望",载《重庆工商大学学报》(社会科学版),网络首发时间:2020年9月8日。

[12] 胡惠林:"国家文化安全:经济全球化背景下中国文化产业发展策论",载《学术月刊》2000年第2期。

[13] 胡惠林:"文化产业发展与国家文化安全——全球化背景下中国文化产业发展问题思考",载《上海社会科学院学术季刊》2000年第2期。

[14] 王建平:"创建文化产业安全预警系统,推动文化产业发展",载《人民政协报》2013年4月23日,第B02版。

[15] 吴艳霞、罗恒:"高质量经济视角下文化产业生态系统安全发展研究",载《科技

促进发展》2018 年第 12 期。

[16] 叶雪："国家文化产业安全的法律思考——以文化产业对外开放为视角"，载《出版科学》2015 年第 2 期。

[17] 李毅等："经济全球化趋势下我国文化产业安全的研究"，载《南京财经大学学报》2012 年第 3 期。

[18] 林淞西："文化安全视阈下文化产业的价值选择与融合"，载《江汉论坛》2017 年第 2 期。

[19] 贾美霞、李孟刚："文化产品流通视角下我国文化产业安全的实现困境与提升路径"，载《经济与社会发展》2018 年第 2 期。

[20] 梁竞阁、肖丽："文化产业安全理论分析与保障措施"，载《中国行政管理》2020 年第 4 期。

[21] 范杨洲等："我国文化产业安全态势及其对策研究"，载《齐齐哈尔大学学报》2016 年第 4 期。

[22] 佟东："中国文化产业结构安全对文化产业发展的影响"，载《改革与开放》2015 年第 23 期。

[23] 卓成霞："我国文化安全语境下的文化产业竞争力"，载张全新等主编：《中国特色社会主义：理论·道路·事业——山东省社会科学界 2008 年学术年会文集（2）》，山东人民出版社 2009 年版。

[24] 肖丽、李剑锋、高海涛："当代中国艺术品经营业安全状况分析"，载《艺术百家》2014 年第 3 期。

二、报告数据

[25] 杨涛、金巍主编：《中国文化金融发展报告（2020）》，社会科学文献出版社 2020 年版。

[26] 杨涛、金巍主编：《中国文化金融发展报告（2019）》，社会科学文献出版社 2019 年版。

[27] 西沐主笔：《中国艺术品市场年度研究报告 2018-2019》，中国经济出版社 2019 年版。

[28] 李季主编：《中国文化产业市场发展报告 2018》，中国建筑工业出版社 2018 年版。

[29] 黄隽、高常梓主编：《中国艺术品金融市场年度研究报告 2018——艺术品财富管理的商业模式》，中国金融出版社 2018 年版。

［30］庄毓敏、高常梓、黄隽主编：《中国艺术品金融市场年度研究报告（2017）——艺术品财富管理》，中国金融出版社 2017 年版。

［31］庄毓敏、陆华强、黄隽主编：《中国艺术品金融 2015 年度研究报告》，中国金融出版社 2016 年版。

［32］欧洲艺术基金会："TEFAF2016 全球艺术品市场报告"。

［33］雅昌艺术市场监测中心、Artprice："2019 年度艺术市场报告"。

［34］雅昌艺术市场监测中心："2018 年度全球艺术市场报告"。

［35］雅昌艺术市场监测中心："2017 年度全球艺术市场报告"。

［36］雅昌艺术市场监测中心："2016 年度全球艺术市场报告"。

［37］雅昌艺术市场监测中心、Artprice："2015 年度全球艺术市场报告"。

［38］雅昌艺术市场监测中心、Artprice："2014 年度全球艺术市场报告"。

［39］雅昌艺术市场监测中心、Artprice："2012 年度全球艺术市场报告"。

［40］中国拍卖行业协会："中国文物艺术品拍卖市场统计年报 2018"。

［41］雅昌艺术市场监测中心："中国艺术品拍卖市场调查报告（2019 上半年）"。

［42］雅昌艺术市场监测中心："中国艺术品拍卖市场调查报告（2019 下半年）"。

［43］胡润研究院、雅昌艺术市场监测中心："2019 中国高净值人群艺术品投资白皮书"。

［44］雅昌艺术市场监测中心："数说中国私人美术馆的运营之道"。

［45］雅昌艺术市场监测中心："中国画廊行业调研报告（2017）"。

［46］雅昌艺术市场监测中心："疫情下的中国艺术品市场调研报告（2020 年春）"。

［47］Art Basel and UBS：The Art Market 2020.

［48］Hiscox UK：Hiscox Online Art Trade Report 2020.

［49］Deloitte US：Art & Finance Report 2019.